AF502094

BIBLIOTHÈQUE

CHRÉTIENNE ET MORALE,

APPROUVÉE

PAR Mgr L'ÉVÊQUE DE LIMOGES.

SOBIESKI.

Sobieski combattait à pied depuis une heure.

SOBIESKI

OU

LA GLOIRE DE L'EUROPE CHRÉTIENNE

PAR

LEONCE DE BELLESRIVES.

LIMOGES,

BARBOU FRÈRES, IMPRIMEURS-LIBRAIRES.

I

C'est sous le règne de Sigismond III, en 1629, que Jean Sobieski, dont j'écris l'histoire, vint au monde. Louis XIII régnait alors en France ; le malheureux Charles I, en Angleterre, et le glorieux Gustave-Adolphe, en Suède. Dans un temps où la Pologne avait à soutenir d'interminables guerres, il lui naissait un défenseur dans le château d'Olesko, petite ville du palatinat de Russie. Sobieski sortait de deux anciennes maisons dont les généalogistes polonais ont posé les premières pierres dans la nuit des siècles. Une vérité plus constante, c'est qu'on remarquait dans l'une et dans l'autre, une succession de vertus bien préférable à la plus haute généalogie.

Le fameux Zolkiewski, aïeul maternel de Sobieski, avait battu les Moscovites en 1610, pris Moscou et le czar Basile, qu'il amena au roi Sigismond III. En 1620, s'ouvrant un passage à travers cent mille Turcs et Tartares qui l'investissaient en Moldavie, il faisait une retraite admirable, toujours suivi et harcelé pendant une marche de cent lieues. Arrivé aux frontières de Pologne, sur les bords du Dniester, il ne s'attendait pas à être trahi par les siens. Sa cavalerie, lasse d'envisager la mort, saisit la première occasion d'échapper, en se jetant à la nage, abandonnant son général avec l'infanterie. Il avait à côté de lui un fils qui le suppliait de penser à son propre salut. Il répondit que *la république lui avait confié l'armée entière*. Il vit tailler en pièces cette infanterie qui lui restait; il vit expirer son fils; et, lui-même, percé de coups, ne lui survécut quelques heures, que pour mourir avec plus d'horreur. Le général turc lui fit couper la tête et l'envoya au sérail pour rassurer l'empire ottoman. Cette tête fut rachetée, et le même tombeau renferma le père et l'enfant, avec cette inscription latine :

Exoriare aliquis nostris ex ossibus ultor.

Puisse un vengeur sortir de nos cendres! Il restait un fils qui voulut être ce vengeur. Il attaqua les Tartares avec un courage bien au-dessus de ses forces, qui ne consistaient qu'en une petite troupe soudoyée par lui-même. Il fut accablé par le nombre, et paya de sa tête, après le combat, l'excès de son courage.

La gloire de venger les Zolkiewski était réservée à Sobieski, leur descendant dans la ligne féminine. Il ne lut jamais sans émotion l'épitaphe qui l'invitait à la vengeance. La république ne se contenta pas de ce monument domestique. Elle savait que l'immortalité, dans la mémoire des hommes, est tout à la fois la récompense et le germe des héros. Une pyramide, que les Turcs et les Tartares mêmes respectèrent, s'éleva sur le lieu où avait coulé ce sang généreux, pour apprendre à la postérité comme on doit mourir pour la patrie. C'est ce qu'on lisait en quatre langues.

L'histoire des Zolkiewski nous fournirait une foule de traits héroïques, si elle entrait directement dans notre sujet.

D'ailleurs ce n'est pas seulement dans la maison de sa mère que Jean Sobieski trouvait des héros à imiter. C'est son aïeul paternel, Marc Sobieski, palatin de Lublin, qui, dans la bataille où Michel, hospodar de Moldavie, fut vaincu, détermina le succès. On allait prendre un chemin qui exposait les troupes à périr par la difficulté des vivres et par le feu de l'ennemi, il en indiqua un autre qui conduisit à la victoire ; et, dans l'action, il montra qu'il savait combattre aussi bien que donner des conseils. C'est lui encore qui défit les rebelles Dantzicois, en 1577, auprès de Dirchaw, et qui se jeta dans la Vistule en poursuivant leur général, qu'il atteignit et tua de sa propre main au milieu des flots.

Cela se passait sous les yeux de son roi, Etienne Battori, qui dit plus d'une fois que, s'il fallait confier la fortune de la Pologne à un combat singulier, comme autrefois celle de Rome fut abandonnée à la valeur des Horaces il n'hésiterait pas de nommer le palatin de

Lublin. L'intrépide palatin périt à l'attaque de Sokol, forteresse moscovite que les Polonais prirent d'assaut. Tel fut l'aïeul de Jean Sobieski; et son père, Jacques Sobieski, ne dégénéra pas. Avant d'arriver aux charges, il fut élu quatre fois maréchal de la diète. On le regardait comme le bouclier de la liberté, et il entra dans le sénat pour y occuper la seconde place. Il fut castellan de Cracovie. Ce castellan, tout-à-fait hors de rang, est au-dessus des palatins mêmes. Dans la Pospolite, il a l'honneur de se mettre à la tête de la noblesse, au préjudice du palatin de Cracovie : récompense d'une victoire où le palatin prit la fuite, tandis que le castellan, son lieutenant, tint ferme, et vainquit. Il est aussi le premier sénateur d'épée, comme le primat est le premier sénateur d'église. Tous deux ont le titre d'Altesse.

Jacques Sobieski était propre à servir la république de plus d'une façon : car les sénateurs polonais, formés, à cet égard, sur ceux de l'ancienne Rome, connaissent également les armes et les lois. La Pologne se souviendra long-temps de la fameuse bataille de Choczin, en 1621. Le jeune prince Uladislas, fils du roi Sigismond III, y avait l'honneur, et Jacques Sobieski la réalité du commandement, en l'absence du grand général. Deux cent mille Turcs et Tartares y furent défaits par soixante-cinq mille Polonais et Cosaques; et, comme le héros du jour était aussi propre à négocier qu'à combattre, il fut envoyé à Constantinople pour signer la paix que demandait la Porte, vaincue. Toutes les fois que la république eut besoin d'un homme de tête dans les cours étrangères, en Suède, en France, en Italie, elle jeta les yeux sur Jacques Sobieski, et s'en trouva bien. Il avait épousé Théophile Zolkiewska, fille du grand Zolkiewski, et héritière de tous les biens que cette puissante maison possédait dans le palatinat de Russie. Il en eut deux fils, Marc et Jean. Leur éducation fut un devoir sacré pour lui, et il en partagea les soins. Tout occupé qu'il était dans le sénat et dans les armées, il ne négligea pas les lettres. Il savait que César avait écrit ses commentaires en subjuguant les Gaules. On voit, dans les bibliothèques polonaises, des ouvrages de Jacques Sobieski; et quiconque écrit pour le public (fût-ce médiocrement), marque toujours une âme plus active. On admire aussi, dans le palais de Villanow, à deux lieues de Varsovie, des monuments de peinture et de sculture, qu'il s'était procurés, en faisant venir des artistes italiens, pour donner du goût à sa patrie. On y lit, en forme d'expiation, des vers tirés des Géorgiques de Virgile.

Un père de cette trempe était en état de former ses fils. Il voulut qu'on leur donnât la connaissance des choses avant celles des langues. Il leur parlait aussi souvent de la justice, de la bienfaisance, des lois et du respect qui leur est dû, que de la gloire militaire. Il leur découvrait, peu à peu, les intérêts de la Pologne. Il les accoutumait insensiblement à les défendre par la plume et par la parole : talents nécessaires dans une république. Il travailla surtout à faire naître en eux ce goût d'application qu'il avait lui-même, et sans lequel il n'y aura jamais de grands hommes.

L'aîné, Marc, était d'une complexion douce, d'une grande docilité, fait pour être chéri d'une mère; et, s'il eût vieilli, il aurait partagé le sort d'Esaü, qui fut soumis à son cadet.

Jean était d'un tempérament vif, ardent, impétueux,

voulant fortement ce qu'il désirait, avide de louanges, plus sensible à l'humiliation qu'au châtiment.

Les Polonais ne pensent pas que leur patrie réunisse tout ce qu'il faut voir et savoir. L'adolescence des deux frères arrivée, ils voyagèrent. Le pays où ils s'arrêtèrent le plus, fut la France. Ils y arrivaient dans le temps où le jeune duc d'Enghien, connu depuis sous le nom du Grand-Comté, avait déjà gagné trois batailles. Les deux frères disaient qu'ils le trouvaient plus grand d'avoir battu de vieux généraux, que d'être né prince du sang. Ils arrivaient encore dans le temps où la France commençait la guerre de la fronde, pour chasser un ministre.

Dans les pays que les deux frères parcoururent ensuite, après la science des mœurs et des intérêts nationaux, ils s'appliquèrent à l'étude des langues. Quand on les apprend de la nation qui les parle, on les sait mieux et en moins de temps. Le cadet vint à bout d'en parler six, et on était tenté de dire qu'elles lui étaient naturelles. Paris avait été le premier objet de leurs voyages, Constantinople en fut le terme. Leur séjour s'y prolongea, parce qu'ils voulaient connaître à fond une puissance qui était si souvent en guerre avec la Pologne. Eclairés l'un et l'autre des lumières qu'ils avaient puisées en Europe, ils avaient le projet de s'enfoncer dans l'Asie, lorsqu'ils apprirent que le feu de la guerre s'allumait sur les frontières de Pologne; et ils crurent que leur premier devoir était de défendre leur patrie. Ils n'eurent pas le plaisir d'y embrasser un père qui les avait instruits par la parole et par l'exemple. Il était mort, leur laissant un héritage plus précieux que ses grands biens, la mémoire de ses vertus.

Le trône de Pologne était occupé par Casimir V, frère d'Uladislas VII. Ce prince avait sur les bras une guerre avec les Cosaques, qui vengeaient sur la Pologne un affront non réparé.

L'armée polonaise avait lâché pied à Pilawiecz. L'ignominie en était toute fraîche, lorsque les deux Sobieski arrivèrent : « Venez-vous nous venger ? leur dit une héroïne en les voyant ; c'était leur mère : je ne vous reconnais point pour mes fils, si vous ressemblez aux combattants de Pilawiecz ».

La noblesse sollicitait Casimir de se mettre à la tête d'une puissante armée. Ce roi, qui voulait ramener les Cosaques par la négociation, et en donnant quelque satisfaction à de braves gens cruellement insultés, répondit à la noblesse : « Il ne fallait pas brûler les moulins de Chmilienski, encore moins insulter sa femme et la massacrer avec son fils ». Cette réponse déplut ; et, la noblesse, s'armant au nombre de cinquante mille hommes, alla se faire battre dans la Basse-Volhinie. Il lui restait encore du courage, elle s'approcha du Bogh. Les bords de ce fleuve ne furent pas plus favorables aux Polonais que le premier champ de bataille. Leur déroute fut complète.

Ce fut dans cette seconde action que Marc Sobieski, moins heureux que son cadet, perdit la vie à la fleur de l'âge, et en entrant dans la carrière de la gloire. Lorsqu'il était parti pour voyager en France, avec son frère, le père leur avait dit : « Mes enfants, instruisez-vous de tout ce qui est utile. Quant à la danse, vous l'apprendrez ici, avec les Tartares ». Les Tartares combattaient effectivement avec les Cosaques, dans cette fatale journée.

Leur kan avait une injure personnelle à venger. La Pologne lui avait payé, aussi bien qu'à son prédécesseur, une pension considérable, qu'Uladislas avait supprimée. On lui amena, après la victoire, trois cents gentilhommes polonais, chargés de chaînes et couverts de blessures. Marc Sobieski était du nombre. Le cruel Tartare, sans avoir égard au droit des gens, qui respecte les prisonniers de guerre, lui fit couper la tête et à tous ses compagnons. Leurs corps servirent de pâture aux vautours, et la mère de Marc Sobieski n'eut pas même la triste consolation de mettre son fils dans le tombeau de ses pères. Elle porta sa douleur en Italie, pour éviter la vue d'un pays où elle venait de perdre ce qu'elle avait de plus cher. Le fils qui lui restait n'en était pas aimé si tendrement, à cause de quelques vivacités de jeunesse, et de deux combats singuliers où il avait prodigué un sang qu'il ne devait qu'à la patrie. Cet honneur barbare des duels, inconnu dans tout l'Orient, depuis Constantinople jusqu'au fond du Japon, nous est venu du Nord. Il n'est pas étonnant que les Polonais s'en piquent ainsi que nous. Jean Sobieski était puni par le duel même : car, tandis que son aîné avait marché au véritable honneur, une blessure l'avait retenu à Léopol. Dès qu'il eut recouvré ses forces, la vengeance et la gloire parlèrent également à son cœur.

On avait encore les mêmes ennemis à combattre. Il était temps que Casimir se mît à la tête des troupes pour jeter plus d'ordre dans les opérations, et pour ne pas s'avilir aux yeux d'une république qui veut des rois guerriers. Il s'y mit.

Le jeune Sobieski, devenu le chef de sa maison, n'avait encore que préludé dans la guerre. Tout ce qu'on avait pu remarquer en lui, c'était une ardeur bouillante qui l'étourdissait sur les dangers, et une avidité de s'instruire qui le portait souvent où le devoir ne le demandait pas. Il avait, dans le palatinat de Russie, la starostie de Javorow, qu'il tenait de son père. Il parut à la tête d'une troupe choisie. Il y eut vingt combats contre des ennemis qui ne fuyaient que pour revenir à la charge; et partout il fit voir que la nature lui avait donné la valeur du soldats, et, ce qui est bien plus rare, ce coup d'œil heureux qui annonce le général. Un évènement montra quelle considération il s'était acquise en si peu de temps. L'armée polonaise se révolta dans le camp de Zborow, ville de la petite Pologne, aux confins de la Podolie. Tout fut employé par le général Czarneski, la douceur, les menaces, le canon même des Lithuaniens, pour la faire rentrer dans le devoir. On en désespérait, lorsque Sobieski demanda cette négociation. Les âmes extraordinaires justifient leur témérité par le succès. On comprendra aisément de quelle adresse, de quelle éloquence il eut besoin pour persuader des hommes qui avaient les armes à la main. Il réussit. Cet empire sur les esprits aurait fait honneur à un général consommé : il comblait de gloire un jeune homme qui n'avait encore aucune charge de l'État.

On marcha à l'ennemi avec ce concert de volontés qui annonce la victoire. Chmilienski, malgré la justice de ses armes, cessa d'être heureux. Soutenu des Tartares, il entreprit de forcer son roi dans le camp de Zborow. On se battit plusieurs jours, pendant lesquels il perdit plus de vingt mille hommes, et il n'osa plus tenter la fortune. On parla de paix; et, avant de la signer, le roi récompensa Sobieski par la charge de grand-enseigne de la couronne, officier de cour et d'armée, qui porte la bannière de la république à la pospolite, au couronnement et aux funérailles des rois.

La paix de Zborow fit murmurer toute la noblesse. Le roi, qui n'avait point abandonné son dessein de ramener les Cosaques par la douceur, leur accorda des conditions dont ils pouvaient abuser. Oubliant tout le passé, il les laissait armés au nombre de vingt mille hommes dans le palatinat de Kiovie, qui ne devait plus être donné qu'à un seigneur du rit grec. Il les rétablissait dans l'exercice paisible de leur religion et dans tous leurs priviléges. Cependant, comme il faut toujours quelque chose pour satisfaire la majesté des rois, il fut stipulé que Chmilienski demanderait pardon à genoux. Le Cosaque se soumit à cette humiliation pour le bien de son pays. Le prince tartare gagna du butin, et le rétablissement de sa pension. Tout cela était sage, mais la noblesse polonaise ne l'était pas. On cria de toute part que le roi trahissait la république. On pensait à rompre un traité dont on ne voulait pas voir les avantages.

Les Cosaques sentirent que le parti des grands l'emporterait sur celui du roi, et que la paix qu'ils venaient de faire était bien fragile. Ils reprirent les armes avec les Tartares. Berestesk, ville située aux confins du palatinat de Beltz, fut le champ de bataille. Les Tartares, après une perte de six mille hommes, prirent la fuite. Les Cosaques se retranchèrent dans leur camp, où ils ne furent forcés qu'en vendant chèrement la victoire aux Polonais. On peut dire que Casimir, contraint par ses sujets à reprendre les armes, vainquit malgré lui. Sobieski fut blessé à la tête ; mais, tant d'autres avaient des blessures à montrer, que ce n'était pas une distinction.

Chmilienski était battu, mais il vivait et il lui restait des ressources. Le czar Alexis se servit de lui pour attaquer la Pologne. Il prit Smolensko, grande ville sur la rive droite du Borysthène, qui retournait à ses premiers maîtres, et il s'ouvrit un passage dans la Lithunie, qu'il désola par le fer et par le feu.

Nos mémoires ne nous disent rien de la conduite de Sobieski dans cette guerre avec les Moscovites et les Cosaques. Il faut des actions d'éclat pour faire parler la renommée, et les actions d'éclat ne se font pas sans des occasions singulières. Il est pourtant vraisemblable qu'on apercevait constamment ces traits soutenus de courage et de sagesse qui décèlent le grand capitaine, puisque dans une autre guerre qui vint s'allumer au feu de celle-ci pour embraser la Pologne dans toutes ses provinces, Sobieski, encore à ses premières campagnes, eut un commandement distingué dans la cavalerie. Ces avancements précipités ne se font pas sans de grandes raisons dans un royaume républicain, où la cour doit s'observer et donner des récompenses plutôt que des grâces.

Il y avait long-temps que la Pologne n'avait vu tant d'ennemis conjurer sa perte : c'était en 1655. Charles-Gustave, devenu roi de Suède par l'abdication de Christine, crut ne pouvoir mieux commencer son règne, que par des conquêtes. Il se sendit maître en peu de temps de la Mazovie et d'une grande partie de la Pologne, d'où il porta le théâtre de la guerre dans la Prusse.

Sobieski, dans une armée battue partout, apprenait à battre. A la tête de quatre cents chevaux, entre Elbing et Mariembourg, il en défit plus de six cents, commandés par un proche parent du roi de Suède. Si Casimir avait eu beaucoup de Sobieski, il aurait évité les dures extrémités où il se vit réduit. Abandonné de son armée, il chercha un asile dans la Silésie. Il vit même la Lithuanie, qui n'était pas encore soumise, se mettre sous la protection du vainqueur. On eût dit que tous ses sujets étaient frappés de la foudre, et que ceux qu'elle n'avait pas tués, n'étaient plus capables que d'un seul sentiment, celui de la terreur. Mais enfin l'orage passa, en se dispersant sur une grande étendue de pays. On reprit ses sens ; on crut que Charles-Gustave n'était pas invincible

Casimir profita de cette lueur de courage. Parmi les officiers qui méritaient le plus sa confiance, il avait remarqué Czarneski et Sobieski. Il détacha des Tartares du parti moscovite, et sut les mettre dans le sien. Sobieski fut chargé de les conduire, tandis que Czarneski commandait les Polonais. On fit main basse sur les troupes suédoises qui avaient pris leur quartier d'hiver en Lithuanie, on tailla aussi en pièces tout ce qu'on trouva dispersé en Pologne. Chaque jour brisait quelque anneau des chaînes de la nation.

Cependant Charles-Gustave ramenait son armée du fond de la Prusse, et, avec elle, un secours de l'électeur de Brandebourg. Sobieski l'assiége entre la Vistule et le Sanus, rivière qui se jette dans ce fleuve ; il lui coupe les vivres, il le fatigue par des escarmouches continuelles ; et, comme il apprend que Douglas, général suédois, s'approche avec un corps de six mille hommes pour dégager son roi, il laisse de l'infanterie pour continuer à le tenir enfermé, marche à Douglas avec sa cavalerie, passe à la nage la Pilcza, que la fonte des neiges avait beaucoup enflé ; et, avec cette célérité que César regardait comme la première qualité du général, il surprend Douglas, le bat, et le poursuit à la distance de huit milles du côté de Varsovie.

Tous les corps de l'armée polonaise, obligés de faire face en tant d'endroits, ne combattaient pas aussi bien que celui qui marchait sous les ordres de Sobieski. Il fallut se diviser encore pour s'opposer à Rahostki, prince de Transylvanie, qui s'avançait de concert avec la Suède, dans le dessin de ravir la couronne à Casimir. Au milieu de tant d'ennemis, on fit des fautes dont Charles-Gustave profita. S'étant dégagé du poste dangereux où il s'était mis, il s'approcha de Varsovie; on en vint à une affaire générale qui dura trois jours. Il y eut de part et d'autre, dans des flots de sang, des efforts de courage et de tête. Mais enfin, la victoire se déclara encore pour Charles-Gustave, victoire que Casimir lui vendit bien cher. Jamais les Tartares n'avaient combattu avec tant d'ordre et de fermeté. Accoutumés à un brigandage continuel, impatients de la discipline, toujours prêts à fuir lorsqu'ils trouvent de la résistance, ils se croyaient devenus d'autres hommes sous le commandement de Sobieski; et, lorsque la suite des événements tourna sa valeur contre eux, ils se souvinrent toujours, avec une admiration mêlée de respect, des belles actions qu'ils lui avaient vu faire, et ils sentirent qu'on pouvait acquérir de la gloire en perdant une bataille.

C'en était fait de la république, si Charles-Gustave eût vécu quelques années de plus. Il mourut dans sa trente-huitième année, presque aussi grand que Gustave Adolphe, si la guerre décide des grands hommes.

D'un autre côté, Ragotski, plus ambitieux que général,

et peu docile aux conseils de son allié Charles-Gustave, avait manqué l'occasion de vaincre. Georges Lubomirski, petit général de l'armée polonaise, et Sobieski, étaient entrés dans son pays, pour y exercer les mêmes hostilités dont il affligeait la Pologne. La défense ne lui réussit pas mieux que l'attague.

Quant à la Suède, ne se croyant plus en état de soutenir les grands projets du roi, qu'elle venait de perdre, elle signa la paix.

Il restait deux ennemis à la Pologne : les Moscovites et les Cosaques ; ceux-ci plus acharnés, parce que le ressentiment d'une grande injure est un aiguillon plus vif que l'envie des conquêtes. La république avait pour auxiliaires les Tartares de Crimée. Ce secours dont on pouvait tirer un grand avantage, on le devait principalement au zèle de Sobieski. Il avait vécu parmi eux comme otage. Un ôtage, dans le sein d'une nation barbare, s'il n'est qu'un homme ordinaire, ne pense qu'au moment qui l'en tirera, pour le rendre à ses foyers. Sobieski s'occupait des intérets de sa patrie. Les Tartares l'estimaient déjà pour l'avoir vu combattre ; et c'est la raison qui le leur avait fait préférer à d'autres otages. Le kan surtout conçut pour lui une amitié qui servit bien la Pologne en cette occasion. L'alliance fut conclue.

Les armées combinées attaquèrent les Moscovites, tantôt en leur dressant des embûches, tantôt en campagne ouverte. Les succès se balançaient. On touchait à une affaire décisive près de Cudnow; et le roi Casimir, qui commandait en personne, la désirait beaucoup. Mais les Moscovites traînaient les choses en longueur, pour donner le temps à Chmilienski de les joindre avec ses Cosaques.

Il était de la dernière importance d'empêcher cette jonction, et il fallait un homme de tête pour y réussir. Sobieski fut détaché avec un corps bien supérieur à celui des Cosaques. Il les chargea au moment où ils arrivaient près de Slobodyszée, en Ukraine. La déroute fut si grande, que leur général fut pris, chargé de chaînes comme rebelle, et amené au roi Casimir. Le bruit de cette victoire effraya tellement les Moscovites, qu'ils rendirent les armes presque sans combattre.

Il n'y avait plus que quelques places à reprendre en Lithuanie; et de ce nombre, la capitale, Wilna, ville grande et bien peuplée. Le moscovite qui défendait la citadelle aurait puni de mort quiconque eût parlé de se rendre. Il eut des soupçons sur un prêtre polonais, il le fit mettre dans un mortier, et jeter comme une bombe sur les assiégeants. Sa cruauté, son obstination et l'impossibilité où il était de se défendre long-temps, révoltèrent quelques officiers étrangers qui étaient sous ses ordres. Ceux-ci, craignant un sort funeste, le livrèrent aux Polonais avec la place. Les Polonais, maîtres de ce barbare, voulurent le faire périr par la main des bourreaux; il ne s'en trouva point. Son cuisinier s'offrit, et lui coupa la tête. Quel devait être le maître d'un pareil serviteur.

La guerre avec la Moscovie touchait à sa fin, si Casimir ne s'était pas laissé distraire par un projet qui tourna les armes de la république contre elle-même.

S'étant marié avec sa belle-sœur, il voulut préparer les voies du trône au duc d'Enghien, de la maison de Condé; mais il y trouva en Pologne une vive opposition: heureux encore d'avoir eu pour le défendre l'habileté et le courage de Sobieski, qui fut, pendant ces démêlés, élu grand-maréchal et petit-général.

Jusqu'alors la vie de Sobieski n'a été qu'un tissu de combats, où il a risqué tant de fois de finir ses jours et d'éteindre sa race. Il touchait à sa trente-sixième année. Parmi les filles d'honneur que la reine Louise avait amenées de France, sans se douter qu'elle amenait une autre reine, la noblesse polonaise en avait distingué une que la reine elle-même honorait d'une faveur particulière. C'était Marie-Casimir de La Grange, fille de Henri de La Grange et de Françoise de La Châtre, qui avait été gouvernante de la reine Louise. Ces deux anciennes maisons du Berry s'étaient illustrées par des maréchaux de France. Henri de La Grange a été plus connu sous le nom de marquis d'Arquien ; il était capitaine des gardes de Philippe d'Orléans, frère unique de Louis XIV. Sa fille Marie, transplantée en Pologne, avait épousé le palatin de Sendomir, Radziwil, prince de Zamoski, ville de Pologne, dans le palatinat de Beltz. Elle en avait eu quatre enfants, morts au berceau ; et le père leur avait peu survécu.

Sobieski, persuadé que la faveur aide au mérite, et sachant bien que la reine continuait à protéger la jeune veuve, demanda et obtint sa main.

Déjà il jouissait des bonnes grâces du roi et de l'estime publique. Les événements, d'ailleurs, le servaient avec une rapidité qui a peu d'exemples. Lubomirski, en prenant les armes contre son roi, lui avait abandonné sa place de grand-maréchal, en 1665. Un an après, Czarneski, en mourant, lui laissa celle de petit-général. Il avait encore un pas à faire pour devenir l'homme le plus important de la république. Le grand-général, Stanislas Potoski, meurt cette année (1667) ; Sobieski succède à son *bâton*, en remettant celui de petit-général à Démétrius Wiesnowieski, palatin de Beltz.

Un grand-général peut tout ce qu'il veut. Le plus grand inconvénient de ce pouvoir illimité, c'est l'abus des quartiers d'hiver, qu'il établit à son gré, foulant ou soulageant, comme il lui plaît, les peuples. On avait vu des grands généraux accumuler des starosties, que les gentilshommes étaient forcés de leur vendre à vil prix pour se rédimer d'une ruine totale. Sobieski, revêtu du suprême commandement, renonça au privilége des quartiers d'hiver, afin d'ôter à ses successeurs les moyens d'être tyrans. Il aurait pu tyranniser plus qu'un autre, s'il avait eu de ces entrailles de fer, qui se rencontrent trop souvent avec le pouvoir. Il joignait au bâton de grand-général, comme nous l'avons dit, celui de grand-maréchal ; c'est-à-dire qu'il avait dans ses mains la police et la guerre. On s'en plaignit d'abord, parce que, selon l'esprit et les usages de la république, ces deux charges, dont la réunion rend un citoyen trop puissant, doivent toujours être séparées; mais sa conduite apaisa bientôt les murmures.

Quatre-vingt mille Tartares étaient aux frontières de l'État. Ils dévastaient déjà la Podolie, la Volhinie et le palatinat de Russie. Les Cosaques, toujours irrités contre leurs maîtres, dont ils avaient reçu de nouveaux mécontentements, se joignaient à quiconque voulait les détruire. Ils marchaient sous la conduite de Doroszensko, moins habile, mais plus intraitable que Chimilienski. La Pologne, après tant de guerres, était épuisée de soldats. On n'en voyait que dix à douze mille sous les drapeaux ;

et, bien loin de pouvoir soudoyer de nouvelles troupes, le grand-trésorier déclarait qu'il manquait d'argent pour les anciennes. Le roi, tout à sa douleur, et dégoûté plus que jamais de la couronne, ne pensait plus à la soutenir. Cependant le mal pressait. Les Tartares, soutenus par les Cosaques, pénétraient toujours plus avant, et le Turc menaçait aussi.

La république se crut perdue. Sobieski ne se désespéra pas. Si jamais il eut besoin d'un second, ce fut dans cette conjoncture. Tout manquait à la fois. Le petit-général, Wiesnowieski, homme de tête et d'expérience, fort aimé des troupes, était dangereusement malade. Seul chargé de tout le poids de la guerre, il travailla à grossir la petite armée. Elle devait passer sur ses vastes domaines. Il y fit des levées, qu'il joignit à d'autres qu'on lui amena d'ailleurs. Il y amassa des subsistances, il puisa dans son propre fonds, il emprunta, pour suppléer au trésor public; et, avec vingt mille combattants, il alla en défier cent mille dans le palatinat de Russie. A peine arrivé, il détacha Koniecpolski à Tarnopol, Szlieniski à Léopol, Modrewski en Brzescie. Il fit occuper par différents corps les passages des rivières, afin d'intercepter les courses des Tartares. Il confia deux mille chevaux à un partisan, avec ordre de tenir la campagne et de harceler sans cesse. Ce partisan, nommé Piwot, valait un général. Pour lui, il marcha au camp de l'armée ennemie; et, comme s'il eût commandé à la victoire, il écrivit à la grande-maréchale, son épouse, qu'il était allé revoir la France, sa patrie, qu'à tel jour il s'enfermait avec douze mille hommes dans un camp retranché, devant Podahiec, place que Doroscensko voulait assiéger; que le lendemain, et les jours suivants, il ferait des sorties sur ennemis; qu'il avait disposé des embuscades sur tous passages, et qu'il ruinerait cette grande armée.

.e prince de Condé, en lisant cette lettre, ne voyait pas)ossibilité du succès. La plupart des officiers polonais maient hautement les dispositions du chef. Ils disaient : diviser ainsi une petite armée, c'était la détruire, il fallait vaincre ou périr tous ensemble; ces propos ;saient de l'officier au soldat, et le découragement it à craindre. Il est des occasions où la parole devient ;si nécessaire à un général que l'action. « Je ne chan-'ai rien à mon plan, dit-il ; le succès fera voir s'il est n conçu. Au reste, je ne retiens point ceux qui n'ont ; le courage d'affronter une belle mort. Qu'ils se reti-ıt pour périr sans gloire, dans la fuite, par le fer du saque ou du Tartare. Pour moi, je resterai avec les ıves gens qui aiment leur patrie. Ce grand nombre de gands ne m'épouvante pas. Je sais que le ciel a donné ıs d'une fois la victoire au petit nombre que la valeur .me ; et doutez-vous que Dieu ne soit pour nous contre infidèles? » On se regarda, on rougit, et personne sa quitter le camp.

Les barbares pouvaient passer outre et arriver au cœur la Pologne, mais ils crurent qu'il valait mieux détruire ı unique ressource, en tombant dessus avec toutes rs forces; ils connaissaient d'ailleurs trop Sobieski ır le laisser derrière eux. On lui avait déjà amené ɜlques prisonniers, dont il s'était servi pour menacer général tartare, menace singulière, tandis qu'il avait ıt à craindre pour lui-même. « Allez, leur dit-il, en renvoyant, dites à Nuradin sultan, que je le traiterai comme il a traité mon frère : ce sera tête pour tête. » Nuradin ne répondit qu'en précipitant l'attaque.

Parmi les officiers polonais qui défendaient les retranchements, on en connaissait qui s'étaient couverts de gloire en d'autres combats. Ils furent employés ici avec la confiance et la distinction qui leur étaient dues. Alexandre Polanowski commandait la gauche; Uladislas Wilczowski, la droite; le palatin de Russie, Stanislas Jablonowski, celui dont on disait : « Est-il plus grand dans le sénat que dans l'armée? » dirigeait le centre. Le grand-général était partout.

L'ennemi fond de tout côtés sur le camp, et de tous côtés on lui fait face, tandis que l'artillerie le foudroie. Il pénètre pourtant par un côté faible, on y accourt, on le repousse, et, en le chassant, on le poursuit à coups de sabre hors des retranchements. La plaine se couvre de morts, parmi lesquels on ne compta que quatre cents Polonais. Les Tartares emportent les leurs pour les brûler, selon leur coutume. Sobieski, en soutenant ce premier assaut, ne se livra pas à tout le succès que la fortune du moment semblait lui promettre. Les assaillants avaient beaucoup à perdre, et lui tout à ménager. Il rentra dans ses retranchements pour y mettre à profit ce que l'occasion ferait naître.

Une bataille est ordinairement l'affaire de quelques heures : celle-ci fut une action de dix-sept jours ; et chaque jour on se battait comme si l'on avait dû décider C'était, de la part des assiégeants, à qui le nombre donnait de la confiance, assaut sur assaut; et de la part des assiégés, défense sur défense, sortie sur sortie. Le dernier jour fut le plus sanglant. Sobieski avait donné ordre aux détachements, dont la séparation avait fait murmurer l'armée, de se rapprocher insensiblement. Les barbares, irrités et humiliés de tant de résistance avec tant de faiblesse, s'étaient déterminés à un assaut général. Ce moment allait décider du salut ou de la perte de la république.

Sobieski, au lieu d'attendre l'attaque, fort de ses retranchements, va au-devant de l'ennemi. Ses troupes avaient appris, dans les chocs précédents, que ce grand nombre d'ennemis n'était pas invincible. Les barbares, étonnés de cette hardiesse, en marquent leur joie par de grands cris. Les coups succèdent. La victoire se balance au milieu des flots de sang; mais, tandis qu'elle reste incertaine, les corps détachés qui ont tenu la campagne, viennent prendre les ennemis en flanc. Le brave Piwot surtout, après avoir désolé les quartiers des Cosaques, enlevé leurs convois, donné la chasse à leurs fourrageurs, redouble ses efforts et fait des prodiges. Il charge avec ses deux mille chevaux, il sabre, il enfonce. Il n'y a pas jusqu'aux valets de l'armée et aux paysans qui, faisant armes de tout, ne veuillent partager la victoire. Elle n'est plus que faiblement disputée. Le carnage serait général, si le petit nombre ne s'épuisait à force de frapper. Les Tartares, peu accoutumés à combattre de pied ferme, commencent à regarder en arrière; ils plient, ils perdent leurs rangs, ils prennent la fuite et entraînent les Cosaques avec eux. C'est à ce moment que Sobieski, dont la tête et le bras avaient tout animé, se flatte de tenir parole à Nuradin. Il le fait chercher parmi les fuyards, avec ordre de ménager sa vie, pour l'immoler aux mânes de son frère. Mais Nuradin et Doroscensko s'étaient retirés de la mêlée assez à temps pour ne pas craindre la pour suite, laissant vingt mille hommes sur le champ de bataille. On vit, avec horreur, après leur retraite, tous les ravages qu'ils avaient faits, les villages saccagés, les châteaux des seigneurs et leurs palais dans les villes, renversés jusqu'aux fondements ; les temples brûlés, les cadavres entassés sur les ruines des campagnes; les frontières, entièrement désolées ; mais le corps de l'État était sauvé. Le succès étonna la Pologne, Condé et la France.

Les barbares, qui avaient apporté la guerre, demandèrent la paix. Les vainqueurs en avaient plus besoin que les vaincus. Jablonowski en régla les conditions; une difficulté arrêtait. Les infidèles demandaient et offraient des ôtages; les chrétiens disaient qu'une paix jurée les rendait inutiles. Les Tartares s'opiniâtrèrent et répondirent que le passé leur avait appris ce qu'ils devaient penser des serments. On convint des ôtages, et la paix fut signée le 19 octobre.

Sobieski retourna à Varsovie, précédé de la victoire. Les peuples, sur sa route, lui faisaient hommage de tous les biens qu'il leur avait conservés; et la capitale n'épargna pas ses acclamations.

Une autre joie qu'il goûta, moins brillante, plus douce peut-être, ce fut celle de la paternité. La grande-maréchale, à Paris, devint mère d'un fils que les vertus du père devaient mettre un jour au rang des princes. Tenu sur les fonts-baptismaux par Louis XIV, il fut nommé Jacques-Louis, réunissant ainsi le nom de son illustre aïeul à celui d'un grand monarque.

L'hiver est la saison destinée aux diètes, pour laisser aux armes le temps qui leur est propre. Le mois de février ouvrit la diète de l'année présente. La Pologne, dans ses usages, a des traits de la république romaine. Le grand-général rendit compte des instructions qu'il avait reçues du sénat, de ses opérations, de ses succès et des belles actions qu'il avait remarquées dans ceux qui partageaient ses travaux, appuyant plus sur celles-là que sur les siennes. Tous les ordres applaudirent; et le vice-chancelier, se levant du pied du trône, remercia solennellement, au nom de tous les ordres, le libérateur de la patrie et ceux qui l'avaient sauvée avec lui.

Casimir n'eut d'autre part à cette victoire que les prières qu'il avait ordonnées, et les actions de grâces qu'il rendit publiquement à Dieu dans la basilique de Varsovie. Une noire mélancolie le consumait; elle finit même par le dégoûter du trône, et il fit une abdication solennelle devant les principaux ordres de la république.

Par l'abdication de Casimir, la Pologne avait un roi à élire. Après bien des discussions, le choix des électeurs tomba sur Michel Wiesnowieski, palatin de Russie.

Jamais roi n'eut plus besoin d'être gouverné; et, en pareil cas, ce ne sont pas toujours les plus éclairés et les mieux intentionnés qui gouvernent. Le grand chancelier de Lithuanie, Casimir Paç, s'empara de sa confiance. Avec un esprit élevé, une éloquence naturelle, il avait des lumières; mais, plus ambitieux que citoyen, il ne voulait les employer que pour la grandeur de sa maison. Elle était déjà la plus florissante de la Lithuanie, quoiqu'elle n'en fût pas originaire. Son frère, Michel Paç, remuant, emporté, capricieux, était grand-général de Lithuanie, rival décidé de Sobieski, connaissant le métier de la guerre, sans avoir cette supériorité de génie qui rassure les Etats chancelants.

La Pologne allait être ravagée, si Sobieski ne l'eût pas défendue. Les Cosaques, malgré la paix qu'ils avaient faite avec la république, sous le règne de Casimir, entraient en grande défiance sur les desseins du roi Michel. Ils craignaient qu'il ne lui vînt le désir de recouvrer les grands biens de sa maison en Ukraine, et tous ceux des seigneurs polonais qui avaient été dépouillés. Pour se rassurer, ils demandèrent un abandon de tous ces titres. La Pologne, de son côté, appréhendait de rentrer en guerre dans un temps où elle était fort épuisée. Le roi confia la négociation à Sobieski. Il aurait voulu pouvoir en charger tout autre, car il commençait à prendre ombrage contre un sujet trop estimé. Le chef des Cosaques, ce même Doroscensko que Sobieski avait déjà battu, fut inflexible. Il fallut donc recourir à la guerre. Sobieski recula autant qu'il put devant ce moyen extrême. Il regardait le sang des Cosaques mêmes comme le bien de la république : les Cosaques étaient effectivement de bons sujets, avant qu'on en eût fait de mauvais esclaves. Une autre raison qui engageait Sobieski à user de ménagement, c'est qu'il avait peu de forces. Le génie et l'adresse suppléèrent. Il jeta de la division parmi les Cosaques. Il opposa un nouveau chef à l'ancien, Hanenko à Doroscensko. Il remit sous l'obéissance de la Pologne les villes de Bar, de Nimirow, de Kalnick, de Braclaw, et tout le pays entre le Bog et le Dniester. Doroscensko, battu, ne sauva le reste de l'Ukraine que par la menace qu'il fit de livrer le pays aux Turcs, si on le poussait à bout, Sobieski suspendit la victoire. Les félicitations qu'il reçut marquent l'importance de cette campagne. « On ne peut assez admirer votre courage et votre prudence dans cette expédition. Comment, avec une poignée de soldats, avez-vous pu nous reconquérir tant de places, Braclaw surtout, qui seule vaut une victoire? Vous nous ouvrez toute l'Ukraine, et vous achèverez de nous la rendre. Vous forcez l'envie même à convenir que la Pologne vous doit son salut. » C'est ce que lui écrivait le vice-chancelier, au nom du roi et de la république ; et c'est ainsi que le grand-général se vengeait de n'avoir pas été couronné.

Il voulait que, sans abuser de la victoire, on ménageât les Cosaques, et qu'on les fît rentrer dans le devoir, par la clémence et l'attrait du bonheur.

Tel fut aussi le vœu de tous les nonces et de la plus grande partie du sénat dans la diète: mais le roi et son conseil pensaient différemment. Le règne du faible Michel était celui des favoris. Son conseil était composé des pensionnaires de l'empereur Léopold, dont il venait d'épouser la sœur. Léopold craignait un armement formidable que le Turc préparait. Il entrevit un moyen de le détourner sur la Pologne. Il savait que Doroscensko avait menacé de livrer l'Ukraine au Turc, si on le réduisait aux extrémités ; et en même temps, il imagina que le Turc ne serait pas indifférent à la conquête de cette belle province qui lui ouvrirait la Pologne et la Moscovie; deux Etats d'où étaient sortis tant d'ennemis contre l'empire ottoman. Il savait encore que Michel, en recouvrant l'Ukraine par la force ouverte, se flattait de recouvrer aussi l'immense patrimoine de ses pères, et au-delà. Léopold, avec toutes ces connaissances, n'eut pas de peine à lui persuader que toute négociation avec des rebelles était aussi dangereuse qu'humiliante; que pardonner à Doroscensko, c'était affaiblir l'autorité royale. Michel se crut donc grand en se montrant inflexible.

Doroscensko, apprenant ce qui se passait, et craignant de succomber enfin sous un maître irrité, en chercha un autre à Constantinople.

Mahomet IV était monté sur le trône, en passant sur le corps de son père, Ibrahim I, que les jannissaires avaient étranglé. Mahomet avait battu les impériaux, fait de grandes conquêtes en Hongrie, soumis la Transylvanie, pris l'île de Candie, l'ancienne Crète. Les Turcs croyaient ne pouvoir faire plus d'honneur à l'ambassadeur de France, le comte de Guilleragues et à sa suite, qu'en disant que les Français étaient parents de Méhemmed-Tetih, de Mahomet-le-Victorieux. Jusque-là, il ne l'était pourtant qu'à la façon de la plupart des souverains, qui font tout sans rien faire : il n'avait pas encore paru à la tête de ses armées. Mais sa fortune paraissait inaltérable entre les mains du visir Cuprogli, aussi grand que sa place. Un grand visir est tout à la fois connétable, chancelier et premier président. Tout était rempli. Fils de visir, il avait succédé à son père contre la politique de l'empire, qui ne permet pas de perpétuer les honneurs dans une même famille. Une autre singularité, c'est qu'il était monté à ce comble d'honneur à l'âge de trente ans; l'usage veut qu'on en ait quarante pour être dans les grands emplois. Les Turcs, qui ne sont hyperboliques que sur un grand fond, l'appelaient *la lumière des nations, le gardien des lois, le terrible commandant.* On sait le mot de Montécuculi, en se retirant lorsque ses rivaux finirent leur carrière : « Un homme qui a eu l'honneur de combattre contre Turenne, Condé et Cuprogli, doit-il compromettre sa gloire avec des gens qui ne font que commencer à commander des armées! » Montécuculi ne connaissait dans Cuprogli que le général.

L'habile ministre, réfléchissant sur les offres de Doroscensko, forma le dessein de subjuguer la Pologne, renvoyant à une autre campagne la destruction de l'empire de Vienne, victoire qui deviendrait plus facile par celle-ci ; et il voulut que son maître vînt cueillir lui-même les lauriers qu'il lui préparait. La présence de Mahomet à l'armée était, de la part du visir, un trait de politique et d'attachement. Ce sultan, malgré les victoires de son règne, commençait à tomber dans le mépris et la haine, parce que, livré entièrement à ses plaisirs, il dépensait plus dans son sérail qu'il n'eût fait en battant les chrétiens.

Mais le divan représentait que cette guerre ne pouvait être juste sans une sommation préalable aux Polonais, et un refus de leur part de satisfaire les Cosaques. Le muphti surtout, c'est-à-dire le pontife de la religion mahométane, refusait son fetfa.

Le fetfa qu'il refusait est une espèce de mandement qui accompagne presque toujours les ordres publics du grand seigneur. Sans cet oracle, les peuples obéiraient mal. Cuprogli, trop ami lui-même de la justice et de la religion pour ne pas les écouter, avertit la république par cette dépêche.

« Vous dites que l'Ukraine vous appartient, et que les Cosaques sont vos sujets ; comme si nous ignorions que cette nation, libre autrefois, ne dépendait que d'elle-même. Il est vrai qu'elle s'est donnée à vous de son propre mouvement, et à certaines conditions ; mais elle n'a pas compté se livrer à des tyrans, qui lui ont fait mille outrages. Elle a donc pris les armes, selon le droit naturel, pour recouvrer sa liberté et son premier état. Elle a supplié la sublime Porte de la recevoir sous sa protection, et de faire pour elle ce qu'elle fait pour tous les malheureux ; c'est pourquoi l'invincible Mahomet vient d'envoyer à Doroscensko, chef des Cosaques, le sabre et l'étendard. Sachez donc que, si vous ne vous dépêchez de composer avec mon maître, qui est déjà en mouvement vers Andrinople ; que si vous le laissez arriver sur vos frontières avec des forces immenses, ce ne sera plus par un traité, mais avec le fer et la colère du Dieu vengeur que la contestation se décidera. »

Au bruit de ce tonnerre, le sénat s'assemble. On commence de s'indigner de ce que la lettre, qui contient une déclaration de guerre, est écrite par le visir, et non par le sultan lui-même, arrogance méprisante. Les partisans du roi saisissent ce moment d'indignation pour insinuer que la déclaration n'est point sérieuse : «Pourquoi la Porte romprait-elle avec nous, qui ne lui en donnons aucun sujet, elle qui est ordinairement si fidèle à ses traités? Serait-ce pour agrandir son empire? Mais on sait qu'à présent, elle est plus occupée à conserver l'immensité de ses possessions qu'à les étendre. Serait-ce effectivement pour soutenir Doroscensko ! Il était bien plus naturel de le favoriser lorsque ses forces étaient entières. Mahomet viendrait-il avec tout le poids de sa puissance pour faire société avec un brigand? La déclaration du visir n'a que l'apparence d'une menace arrachée par les importunités et les mensonges de Doroscensko. Mais, à supposer que la foudre suive l'éclair, le czar nous offre une forte diversion dans laquelle il promet de faire entrer la Perse, et pensons-nous que l'empire d'Allemagne ne soit pas intéressé autant que nous à contenir le tyran de l'Asie? C'est encore un secours à demander promptement. »

Les vrais patriotes répondent qu'il est bien plus simple de satisfaire les Cosaques, et d'ôter par-là tout prétexte à la Turquie de troubler la Pologne. Sobieski était absent. Le primat demande qu'on suspende toute délibération sur la guerre, jusqu'à l'arrivée du héros qui l'entendait si bien. Ce n'était pas le sentiment du roi, qui craignait d'augmenter l'importance du grand-général. La nuit vient, on veut délibérer aux lumières. Le primat s'y oppose, de crainte que dans le feu des contestations, on ne joue du poignard à la faveur des ténèbres, violence qui s'était montrée plus d'une fois dans les assemblées. Il appréhenda peut-être pour lui-même quelqu'un de ces scélérats qui font toujours plus que les rois ne désirent.

Le lendemain, Sobieski arrive. La plupart des sénateurs vont au-devant de lui. Il entend ses louanges en plein sénat. On dit que la robe et le saie lui conviennent également, qu'il mêle les lauriers aux faisceaux, qu'il sait être sénateur et capitaine. Tout cela était vrai; mais il fallait, sans perdre un moment, s'arrêter à un parti qui pût sauver la république. Sobieski parla vivement pour pacifier les Cosaques ; il toucha tous les points sur lesquels la Pologne pouvait se relâcher. Mais on ne persuade pas les esprits bornés, encore moins les princes qui s'accoutument à confondre le pouvoir avec la raison. Michel s'opiniâtra et laissa la Porte sans réponse, comme si les menaces avaient été vaines.

Ce fut alors qu'une ligue se forma pour le détrôner. Les Polonais avaient pour maxime que tout peuple qui peut faire un roi, peut le défaire. Ainsi, ce qu'on appellerait ailleurs conjuration, ils le nomment l'exercice d'un droit national. On comptait parmi les chefs de la ligue le primat Prazmowski, le grand-enseigne Sieniawski, le palatin de Cracovie, Lubomirski; celui de Mazovie, Ledchinsky; celui de Kiovie, Potoski, un Vielopolski, et d'autres seigneurs de cette importance. L'entreprise n'était pas aussi orageuse qu'elle le serait dans un royaume héréditaire. Elle avait pourtant ses dangers.

Michel s'associe la petite noblesse, et prend les armes.

Cependant Mahomet s'approchait avec des troupes menaçantes, semblable à une mer irritée, prête à engloutir la Pologne. Le roi, au lieu d'aller au-devant d'elles avec les cent mille nobles qui soutenaient sa couronne chancelante, et de montrer par là qu'il était digne de régner, s'occupait des dernières procédures contre les premiers de ses sujets. Ce n'était que confiscation de biens, perte d'honneur et de dignité, dégradation; et les principaux chefs étaient condamnés à mort. De ce nombre était Sobieski et le primat, dont les têtes furent mises à prix. Le décret de mort n'effrayait point les procrits : ils étaient au milieu d'une armée qui pouvait traîner les juges à l'échafaud. Mais vingt mille ducats pouvaient tenter un assassin, d'autant plus que le décret ôtait l'infamie attachée à l'assassinat qui, pour cette fois, devenait un titre d'honneur.

A cette nouvelle, l'armée jeta de grands cris contre le roi et la noblesse confédérée, jurant, les sabres croisés, de défendre et de venger son général. Il fallait qu'un tel homme pérît ou devînt enfin le maître. J'accepte vos serments, répondit-il, mais défendons la patrie avant tout. » Il prévoyait que Mahomet ouvrirait la campagne par le siége de Kaminiek, capitale de la Podolie, place encore plus forte par la nature que par l'art. Un rocher escarpé lui sert de base. Une rivière, le Smotricz, l'environne; et un cercle de collines s'étend autour de l'eau. Ce fut, dans tous les siècles, le boulevard de la Pologne contre les Tartares et les Turcs. Il y avait long temps que ceux ci la regardaient avec des yeux de colère. Il y envoya huit régiments d'infanterie pour renforcer la garnison. Le gouverneur, tout dévoué au roi, appréhenda que ces troupes n'y donnassent trop d'autorité à Sobiesky; il les refusa.

Mahomet, à la tête de cent cinquante mille hommes, avait passé le Danube près de Silistrie, ville de Bulgarie; traversé la Transylvanie et la Valachie, jeté des ponts sur le Dniester aux pieds des murs de Choczin. Il parut devant Kaminiek, sur la fin de juillet. Cent mille Tartares à ses ordres arrivaient en même temps. Le kan Selim-Gierai, dans cette grande occasion, marchait en personne. Il y avait long-temps que la nation n'avait eu un chef aussi distingué dans la guerre et dans la paix. Les généraux turcs écoutaient ses avis, et les Tartares entreprenaient tout, dès qu'ils le voyaient à leur tête. Sous un autre climat, il eût fait naître l'urbanité, les sciences et les arts. Quand il pouvait quitter le sabre, il prenait la plume. Cantémir le traite de philosophe et d'historien excellent. Il avait pour lieutenants-généraux ses deux fils, sultan Galga et sultan Nuradin. A peine eurent-ils salué le grand-seigneur, qu'il leur commanda d'étendre leurs courses jusqu'à la Vistule; tandis que les Cosaques, poussés par le ressentiment, porteraient la désolation d'un autre côté. Mahomet était l'idole de cette multitude qui épuisait la terre. Le grand Cuprogli en était l'âme.

Sobieski, avec trente-cinq mille Polonais, ne pouvait pas présenter bataille à cent cinquante mille Turcs devant Kaminiek. Il abandonna cette forteresse à sa terrible destinée. Il était même plus important d'arrêter ce torrent de Tartares qui allait pénétrer jusqu'au cœur de la Pologne. Le kan ravageait la Pokucie, le sultan Nuradin la Volhinie, le sultan Galga tenait le milieu par le centre du palatinat de Russie.

Il ne faut pas perdre de vue les cent mille nobles sous les ordres du roi, dans le camp de Golembe, et Sobieski avec sa petite armée, dans celui de Lovicz. Une imprudence de Nuradin montra de quel côté était le vrai courage et l'amour de la patrie. Le jeune Tartare, cotoyant le palatinat de Lublin, vint passer entre les deux camps. Le roi et la noblesse se persuadèrent que cette manœuvre du Tartare était concertée avec Sobieski. L'alarme fut si grande, que ce prince ne se crut pas en sûreté au milieu de cent mille gentilshommes. Il se réfugia dans les murs de Lublin, à six lieues de son camp; et la noblesse se dispersa.

Sobieski, n'ayant plus rien à craindre de ses concitoyens, déploya toute sa grandeur. Celui qu'on venait de condamner à mort, fit tout pour sauver ses juges. Il chercha les Tartares partout où ils se présentèrent. Nuradin fut sa première victime. Il le joignit et le battit aux portes de Krasnobrod. La déroute fut si grande, que le général se sauva presque seul dans l'armée de son frère, le sultan Galga. Celui-ci, pour éviter un pareil désastre, s'approcha du Dniester, afin d'unir ses forces avec celles du kan. Il fut prévenu par l'extrême diligence de Sobieski, et ses pertes surpassèrent celles de son frère. La plaine de Nimirow fut couverte de Tartares, qui expiraient sur le butin qu'ils avaient fait. Le reste prit la fuite.

Sobieski, laissant son infanterie avec les équipages, poursuivit les fuyards avec sa cavalerie. Il y eut un nouveau combat à Grudeck, un autre à Komarne, d'où les deux sultans se sauvèrent dans le dernier désordre. Ils crurent pouvoir respirer avec les débris de leur armée, au-delà du Dniester. Sobieski les suivait de près. Ils se jetèrent à travers deux autres rivières, le Stri et la Chevitz, que Sobieski passa lui-même. Enfin, les deux sultans joignirent leur père. Le kan, qui n'avait pas encore combattu, avait des forces de reste pour venger ses fils. Mais, intimidé par leur désastre, et plus inquiet encore sur l'immense butin qu'il voulait conserver et qui l'embarrassait, il ne pensa qu'à éviter tout engagement. Ce butin intéressait Sobieski encore plus que lui. C'était les dépouilles de la Pologne. Je ne parle ni des fourrures, ni de l'argent, ni de l'or; mais des animaux qui font la guerre et de ceux qui labourent les terres; mais de trente mille esclaves de tout âge, de tout sexe et de tout état, cultivateurs pour la plupart. Le kan fuyait toujours. Sobieski ne le perdait pas de vue; et, plus expérimenté que lui, il attendait le moment de le combattre avec avantage. C'est ce qui arriva près de Kalusse, aux pieds des monts Carpates, dans une gorge où l'ennemi ne pouvait pas se développer. L'action fut sanglante. Le kan laissa sur le champ de bataille quinze mille morts, et tout son butin. Ce fut un spectacle touchant lorsqu'on ôta les fers à trente mille Polonais, pour en charger les Tartares qui furent pris après le combat. Tant de malheureux qui ne comptaient plus revoir ni leurs femmes, ni leurs enfants, ni leurs foyers, se prosternèrent devant leur libérateur, qui se prosterna lui-même devant le Dieu des armées.

La Pologne était délivrée des Tartares; mais elle ne l'était pas des Turcs. Si les cent mille nobles du camp de Golembe, cette pospolite que la Pologne vante tant, et qui peut-être eût fait des prodiges sous un grand roi; si, dis-je, elle eût attaqué les Turcs pendant que Sobieski poussait les Tartares, qui sait si Kaminiek n'eût pas été sauvé? Les Turcs ont su la perfection des siéges avant les chrétiens : à celui de Candie, ils avaient fait des lignes parallèles dans leurs tranchées. Cuprogli employait ici toute l'étendue de l'art militaire. Il y avait près d'un mois qu'une artillerie monstrueuse foudroyait les ouvrages de la place. Il ne restait que des ruines et le rocher. Mais ce rocher n'était accessible que par un pont; et l'habile visir était effrayé de tout le sang musulman qui coulerait dans un assaut. Il profita de la faute du gouverneur; il savait qu'en refusant les soldats de Sobieski, il avait reçu dans la place toute la noblesse de Podolie, hommes, femmes et enfants. Il employa la bombe qui, tombant dans un lieu peu étendu, où tant de monde était entassé, accumulait les morts sur les mourants. Ces cris des femmes et des enfants énervaient le soldat et la défense. Cependant on ne parlait pas encore de se rendre. Cuprogli mit en œuvre un autre genre de terreur. Il fit savoir aux assiégés que s'ils s'opiniâtraient au-delà de vingt-quatre heures, tout serait passé au tranchant du cimeterre, depuis le vieillard jusqu'à l'enfant qui tète. Cette menace, accompagnée de toutes les dispositions qui annonçaient un assaut général, glaça tous les cœurs. On y battit la chamade, le 29 août.

Un major d'artillerie, au désespoir de voir rendre une place qu'on aurait pu mieux défendre, ne voulut pas survivre à une si grande perte. Il y avait une grosse tour à l'entrée du pont qui servait de magasin à poudre, il y ajusta une mêche allumée, et monta sur la plate-forme, d'où il voyait les Turcs entrer dans la place, et les Polonais accourir pour adoucir les vainqueurs. Le magasin sauta, et l'engloutit dans ses ruines brûlantes avec tout ce qui se trouva à une certaine distance, Turcs et Polonais. Les Polonais qui échappèrent eurent bien de la peine à se faire pardonner un crime dont ils étaient innocents.

Mahomet ne changea rien aux articles de la capitulation, mais la consternation fut grande lorsqu'on le vit entrer à cheval dans l'église cathédrale, comme autrefois Mahomet II, dans Sainte-Sophie, à Constantinople.

On assure que la nouvelle de la prise de Kaminiek, arrivée en France au mois d'octobre, fit l'effet d'un coup de foudre sur l'ex-roi de Pologne Casimir. Dans les grands malheurs, on se reproche jusqu'aux choses qu'on n'a pas pu prévoir. Il est très-vraisemblable que si, au lieu d'abdiquer, il eût continué à régner, la Pologne eût évité l'affreux destin qui l'accablait; car, sans être un grand roi, il n'était pas d'une incapacité à faire d'aussi grandes fautes que son successeur. Il mourut à Nevers, trois ans après son abdication, en laissant son cœur à la France, et son corps à la Pologne; présents fort indifférents, quand un roi ne laisse pas de grandes choses après lui.

Mahomet, maître de Kaminiek et de la Podolie, envoya des garnisons dans toutes les places de l'Ukraine, occupées par les Cosaques que la Pologne se repentait trop tard d'avoir opprimés. Ses malheurs ne finissaient pas là. Le sultan voulut pousser ses conquêtes dans l'intérieur du royaume; et tandis qu'il s'arrêta avec le gros de son armée à Boudchaz, il fit marcher quarante mille hommes vers Léopol, qui se racheta du pillage et des flammes au prix de son or.

Chaque jour montrait de nouvelles ruines. Sobieski ramenait ses troupes victorieuses au pied des Carpates, montagnes qui séparent la Pologne de la Moldavie, de la Transylvanie et de la Hongrie. Si, dans ce moment, il eût tenté de se faire proclamer roi, il y eût peut-être réussi. Il ne s'occupa que des Turcs, il projetait de les attaquer où il le pourrait, avec le moins de désavantage.

Michel était réduit à craindre autant les succès de son général que ceux des Turcs. Au lieu d'oublier généreusement le passé et de s'unir à lui pour le salut public, au lieu de mener lui-même au combat les cent mille gentilshommes qui lui étaient dévoués, il prit un parti qui perdit la Pologne. Il envoya demander la paix à Mahomet, dans son camp de Boudchaz, en le laissant maître des conditions, excepté d'une seule, qui ne blessait point le sultan : c'était de le maintenir sur le trône. L'Ukraine et la Podolie, deux grandes provinces si florissantes alors, restèrent au vainqueur : voilà les pertes. Voici la honte : La Pologne s'obligea à un tribut annuel et perpétuel de cent mille ducats d'or. Cette république, si fière de son indépendance, entrait dès ce moment sous le joug; et son roi devenait, comme tant d'autres princes, l'un des premiers esclaves de la Porte, obligé de marcher à ses ordres contre tous les ennemis de sa puissance, chrétiens ou autres. Tel fut l'infâme traité de Boudchaz.

La paix que Michel venait de signer à genoux couvrait non-seulement la Pologne d'ignominie, elle violait encore les lois : car un roi de Pologne ne peut faire ni la guerre, ni la paix, sans l'aveu de la nation.

Cuprogli, qui savait juger les hommes, estima Sobieski, autant qu'il méprisa Michel. Mais il souhaitait, pour les interêts de la Porte, que Michel régnât longtemps. Il transplanta tous les Polonais de la Podolie au-delà du Danube et du mont Hæmus. Ces malheureux, arrachés à leurs foyer et à leurs autels, allaient cultiver et peupler les terres de leurs ennemis. Deux mille spbais des environs de Bender vinrent prendre leur place et leurs possessions.

Ce corps de troupes ne suffisait pas à Cuprogli pour assurer ses conquêtes. Il laissa quatre-vingt mille hommes dans le camp de Choczin, avec ordre d'y rester jusqu'à ce que les Polonais eussent oublié leur liberté; et il reprit, avec la victoire et son maître, le chemin de Constantinople.

Les deux potentats qui avaient fait cette année le plus de bruit en Europe, c'étaient le sultan et le roi très-chrétien, tous deux en attaquant des républiques chrétiennes; l'un passant le Dniester, l'autre le Rhin ; Mahomet avec cent cinquante mille hommes et Cuprogli, Louis XIV avec cent trente mille hommes, Turenne, Condé, Luxembourg et Vauban. Mais la fin des deux expéditions fut bien différente. Louis XIV abandonna ses conquêtes avec autant de rapidité qu'il les avait faites; et la Hollande resta libre. Mahomet conserva les siennes; et la Pologne fut asservie.

Dans toute la Pologne, Michel seul applaudissait à son œuvre. Content de conserver la couronne, sans se mettre en peine du jugement de la postérité, il régnait au milieu de la noblesse qu'il avait rappelée dans le camp de Golembe. Mais si tout était fini avec le Turc, la guerre civille restait allumée. Sobieski, que la paix avait enchaîné, était rentré dans son camp de Lovicz. Michel voulut montrer de la dignité et de la générosité sans en avoir. Il envoya ordre à l'armée et nommément au grand-général, de lui prêter un nouveau serment de fidélité, promettant, à cette condition, d'oublier tout le passé, et de rétablir tous les proscrits dans leurs biens et dans leurs charges.

Sobieski répondit que lui et l'armée prêteraient le serment exigé, pourvu que le roi en prêtât aussi un nouveau à la république, en éloignant toute équivoque, et qu'il jurât les articles qui avaient été omis dans les *Pacta conventa*, par une précipitation affectée. Ces articles obviaient à toutes les infractions que le primat lui avait reprochées. Le roi, indigné de se voir au pair avec la nation, comme si l'on eût violé la majesté qu'il tenait d'elle, et irrité du refus qu'on faisait du pardon qu'il avait offert, ne respira que vengeance.

A voir en opposition deux noms aussi respectables dans la constitution de la Pologne, celui du roi et celui du grand-général, deux confédérations aussi animées, deux armées qui se menaçaient, on eût dit que le sang des citoyens allait couler par torrents et que la république creusait son tombeau.

Il s'écoula encore quelques temps dans l'affreuse incertitude de ce qui arriverait. Sobieski ne voulait pas attaquer. Son but, dans la crise présente, était de ramener le roi aux constitutions de la république et à un meilleur gouvernement. Michel, conseillé par la vengeance, ne craignait pas de répandre du sang ; mais une considéra tion l'arrêtait. N'ayant pour se venger qu'une noblesse sans discipline, avec de nouvelles levées, il appréhendait de vieilles troupes accoutumées à vaincre sous un général expérimenté. Dans cette perplexité, il écouta des paroles de paix. La reine son épouse et l'ambassadeur de Vienne offrirent leur médiation. Ce n'est que dans de pareilles convulsions, que la république permet à ses reines et aux étrangers de se mêler des affaires d'Etat. Rome fut de tout temps exceptée, et, dans cette occasion, elle donna des marques de son zèle. Sobieski reçut un bref fort honorable de Clément X. Le pontife, après avoir loué ses grands talents et ses belles actions, l'exhortait à sacrifier ses ressentiments au salut de la patrie et à celui de la chrétienté, qui se trouvait affaiblie par le malheureux état de la Pologne.

Dans la situation des choses, il était plus important d'apaiser Sobieski que le roi. Sobieski était armé, et son parti l'exhortait à profiter de ses avantages. Le roi, cédant à la nécessité, le raya avec tous les seigneurs ligués du tableau de proscription; puis, députant au camp de Lovicz pour les assurer de sa bienveillance, il les invita à une diète de pacification, qui fut convoquée à Varsovie au commencement de février.

Sobieski s'y rendrait-il? C'était un point délicat qu'on examinait dans l'armée. L'officier, le soldat, lui parlaient avec émotion des dangers qui pouvaient l'y attendre. Mais les hommes extraordinaires croient avoir une garde dans la supériorité des talents et dans la majesté de la vertu. On savait d'ailleurs à Varsovie que l'armée serait prête à venger les injures du général. La crainte est souvent nécessaire aux rois pour leur faire respecter les héros. Plus le roi avait montré de sévérité à Sobieski, plus il affecta d'égards. A son arrivée, il l'envoya complimenter par le grand chambellan dans le palais d'Owiasdow. Il le reçut dans sa cour avec un front serein et un cœur ulcéré, fort inquiet sur ce qui allait se passer dans la diète.

Si quelqu'un avait droit d'y prendre un ton élevé, c'était assurément celui qui venait de triompher des Tartares et qui eût sauvé la Pologne, si la Pologne eût voulu combattre avec lui. Il oublia l'échafaud qu'on lui avait destiné et le prix qu'on avait mis à sa tête. Aucune plainte ne lui échappa; mais il peignit fortement les griefs de la patrie. Il reprit tous ceux que le primat avait exposés dans la dernière diète. Il approfondit ceux qu'il n'avait qu'effleurés. Il traça au sénat et à l'ordre équestre ce qu'ils devaient statuer pour réformer les abus et rétablir la paix civile. Le roi était présent, comme il doit l'être dans toutes les assemblées de la nation. Le génie du trône s'étonnait devant celui de Sobieski. Michel éprouva ce qui arrive trop rarement à ceux qui ont abusé du pouvoir. On retrancha de celui que les lois lui avaient donné.

Il fut encore frappé dans un endroit sensible : Sobieski versa des larmes sur le traité de Boudchaz. Il en appela du roi, à la république, qui n'avait point signé son esclavage et sa ruine. La conclusion fut de le déclarer nul.

Cette procédure était facile à Varsovie, mais il s'agissait de savoir comment elle serait reçue à Constantinople. « Avec fureur, sans doute, reprit Sobieski, mais il nous reste du courage et des sabres. Nous n'attendrons pas que l'ennemi vienne à nous, il faut aller à lui. »

Ce cri de guerre consterna l'assemblée. Ceux même qui désapprouvaient le plus l'infâme paix de Boudchaz, étaient effrayés de rentrer en guerre avec une puissance sous laquelle on venait de succomber. Ils représentaient que l'armée était peu nombreuse; que de nouvelles levées ne seraient ni aguerries ni suffisantes par le nombre pour faire face; que les finances étaient épuisées, que le peuple, accablé d'impôts, après tant d'années de guerre, était incapable d'en porter de nouveaux; que l'Ukraine et la Podolie entre les mains de Mahomet, et quatre-vingt mille Turcs aux frontières fixaient le malheureux destin de la Pologne. « Nous sommes asservis, disaient-ils, mais enfin nous vivons. Voulons-nous voir saccager nos villes, égorger nos femmes et nos enfants, et rendre le dernier soupir sur leurs corps palpitants. S'il nous convient de nous mesurer encore avec le Turc, attendons du moins que nos forces soient réparées, et prenons le temps de former des alliances et de solliciter des subsides. C'est ici l'affaire de la chrétienté aussi bien que la nôtre. » Ce l'était effectivement; car depuis l'embouchure du Borysthène jusqu'aux États de Venise on voyait la Moscovie, la Hongrie, la Grèce, les îles, tour à tour en proie aux armes de Mahomet; et les Polonais pensaient que tous les chrétiens devaient faire cause commune.

Sobieski eut besoin, pour répondre, de cette force de génie qui subjugue la multitude.

« Je connais comme vous, dit-il, le petit nombre de nos troupes et l'épuisement des finances; mais ces deux maux ne sont pas sans remède. Ce peuple de serfs qui laboure nos terres se met dans une espèce de liberté en prenant les armes, et bientôt il est soldat, si le chef est général. Je ne demande que soixante-mille hommes pour vous arracher au joug ottoman. Mais vous me demandez, à moi, où l'on prendra les fonds pour les soudoyer? Si je vous proposais de vendre les vases sacrés, vous devriez y consentir, parce que la patrie est plus sacrée que les instruments de la religion. Mais non... La république a un trésor dans le château de Cracovie. Attendez-vous que Mahomet vous l'enlève dès qu'il en aura connaissance? Employons-le à briser les fers qu'il nous a donnés. Vous voulez attendre un temps plus favorable, des alliances, des subsides. Les négociations sont longues, l'avenir est incertain, le présent est en notre puissance. Vos ancêtres auraient préféré la mort à un an d'esclavage. »

Quiconque a de la dignité et de l'éloquence ne doit jamais désespérer des grandes assemblées. Le feu du Démosthène polonais passa dans le sénat et dans l'ordre équestre. Le traité de Boudchaz fut déclaré nul, la paix rompue, et la guerre rallumée. On croyait déjà voir Mahomet humilié sous l'épée du grand-général.

Mais il y a du danger à être trop grand. L'envie en murmurait. La cour en frémissait. Un gentilhomme sans fortune, plébéïen dans la noblesse, comme il en est tant en Pologne, gens peu délicats sur les moyens; Lozinski, homme hardi, et sachant manier la parole, se leva et dit qu'il avait un grand forfait à déférer à la république; qu'un traître avait appelé les Turcs et les Tartares; que Kaminiek avait été vendu douze cent mille florins; qu'il avait vu ce trésor sur des chariots, sans savoir d'abord ce que c'était; mais qu'ayant questionné les conducteurs, on lui avait répondu que c'était le prix de Kaminiek; qu'il avait encore aperçu par surprise entre les mains d'un officier à Zloczow un billet d'une somme qui devait lui venir de Constantinople pour un grand de la république, et qu'il était au désespoir d'accuser le grand-général, dont les intelligences avec l'ennemi pourraient achever de perdre l'Etat.

Il est impossible de peindre l'étonnement qui se montra sur tous les visages. Sobieski, sans changer de couleur, et soutenant tous les regards fixés sur lui, s'adressa au roi et aux deux ordres, en disant : « Si je suis coupable, je dois être puni, et je ne mérite plus de paraître au sénat. Je me retire pour ne sortir de chez moi que lorsque je serai ou convaincu ou justifié. »

Il n'y avait aucune apparence que celui qui avait battu les Tartares les eût appelés; que celui qui avait envoyé huit régiments pour défendre Kaminiek, l'eût vendu. Le premier mouvement du sénat fut de se lever pour retenir Sobieski et le conjurer de mépriser cette calomnie qui tomberait d'elle-même. Le roi, se croyant obligé d'en faire autant, descendit de son trône. Sobieski fut inébranlable. Il sortit, accompagné du primat et des seigneurs de la ligue. L'accusateur fut arrêté sur-le-champ; et, par un décret de la diète, le procès fut instruit par quatre sénateurs et huit députés des provinces. Cette procédure était nécessaire pour l'honneur de l'accusé et pour la sûreté de l'Etat.

Le délateur ne se soutint pas dans l'interrogatoire; il tergiversa, il altéra sa déposition; et d'ailleurs on lui prouva que Prusinowski (c'était le prétendu porteur du billet en question) n'avait pas mis le pied à Zloczow depuis la prise de Kaminiek. Convaincu de faux, il avoua enfin qu'un parti puissant l'avait poussé à cette calomnie. en lui promettant une fortune; et il nomma deux seigneurs du premier rang, l'un sénateur, l'autre un des premiers officiers de la couronne.

Sobieski, effrayé des suites qui ne regardaient plus sa personne, mais le repos d'un grand nombre de familles, et peut-être le repos public, se rendit au sénat, où il déclara que, content d'être justifié, il suppliait la république d'arrêter le cours de cette affaire ; que, pour lui, il sacrifiait son ressentiment à l'Etat, dont la situation demandait qu'on s'appliquât à toute autre chose qu'à punir des haines particulières. La république voulut un jugement. Le délateur fut condamné à mort, et remis entre les mains de Sobieski même, pour qu'il en ordonnât l'exécution en qualité de grand-maréchal. C'était lui sauver la vie. Il la conserva par la générosité de celui qu'il avait voulu perdre ; mais il vécut dans la haine des gens de bien et dans le remords.

Les deux seigneurs, qui avaient corrompu ce malheureux en furent quittes pour témoigner leur repentir à Sobieski, en présence des douze commissaires. Encore Sobieski leur adoucit-il cette amertume. Son palais était à quelques centaines de pas de la ville : il leur fit savoir qu'à telle heure il monterait à cheval pour aller au sénat. On se rencontra, et la réparation n'eut rien d'humiliant.

Tous ceux qui aimaient la patrie, et surtout les seigneurs de la ligue qui venaient de se dissoudre, triomphèrent de la justification de Sobieski. Le roi lui-même se crut obligé d'en marquer de la joie. Tout se calma dans la diète, tout y concourait au salut public.

La diète, à sa clôture, recommanda au grand-général tous les préparatifs d'une guerre qui allait sauver la Pologne ou consommer sa ruine. Le trésor de Cracovie, amassé depuis plusieurs siècles, fut apporté dans la capitale. Il consistait en pierreries de toute espèce montées en or. Le grand-trésorier Morstyn prétendit au dépôt pour en faire la distribution : c'était effectivement le droit de sa charge. Le grand-général, dans une conjoncture aussi pressante, craignait tout ce qui sentait la formalité, source de lenteur. Le trésor lui fut remis. Les arts de luxe étaient alors si peu connus en Pologne, qu'il fallut faire venir des ouvriers de Vienne, de Venise et de Breslaw, pour estimer les pièces dont le prix fut distribué aux officiers pour faire leurs recrues.

On s'aperçut bientôt que le trésor ne suffirait pas pour soudoyer le grand nombre de troupes qu'on voulait mettre sur pied. La république demanda un nouveau subside, auquel on se prêta avec une facilité surprenante, malgré l'épuisement général.

Pendant qu'on travaillait aux recrues, Sobieski envoya des espions en Valachie, en Tartarie, au Danube et au camp de Choczin. Ils rapportèrent qu'il y avait quelques mouvements en Valachie ; que la Tartarie était tranquille ; qu'après le retour de Mahomet, les ponts sur le Danube avaient été rompus, sans apparence qu'on pensât à les rétablir. Mais ils firent une peinture effrayante du camp de Choczin, qui ressemblait, disaient-ils, à une immense forteresse qui semblait dominer la Pologne par la communication que donnaient les ponts sur le Dniester avec la Podolie et Kaminiek.

Sobieski, sans se faire illusion sur les risques, mais

flatté de la grandeur de l'expédition, dépêchait courriers sur courriers au grand-général de Lithuanie, Michel Paç, pour presser la marche de ses troupes. Cette armée lithuanienne se fit attendre jusqu'à la fin de septembre dans la plaine de Glinian, à quelques lieues de Léopol, où l'armée polonaise s'impatientait, et avec raison : car c'était le temps de finir la campagne plus tôt que de la commencer.

Sobieski dissimula son chagrin sur cette lenteur. Il en eut un plus grand. Il était bien éloigné de croire que le roi, sans goût comme sans expérience pour la guerre, et qui, jusqu'alors, n'avait point abandonné la cour, viendrait se mettre à la tête des troupes pour une expédition si critique. Le noir soupçon est quelquefois plus actif que l'amour de la gloire. Le roi, crédule à l'excès, n'avait pu chasser de son esprit des bruits tant de fois réfutés, que Sobieski n'était pas toujours inexorable à l'or des infidèles ; et d'ailleurs, jaloux depuis long-temps d'une considération à laquelle il ne pouvait atteindre, il voyait avec douleur que l'armée s'accoutumait trop à ne connaître que son général. Il se montra donc à elle pour la commander. Sobieski et tous ceux qui aimaient la patrie en prévoyaient de grands inconvénients. Jamais on avait eu plus besoin d'un chef qui pût agir par lui-même. Tout autre n'était bon qu'à troubler l'action.

Le premier procédé du roi fut de tenir un conseil dans sa tente, où il remit en question s'il était à propos d'aller provoquer une puissance aussi formidable que le Turc. Le grand-chancelier, André Olsowski, l'un de ses favoris, répondit, au hasard de lui déplaire : « Nous avons passé le Rubicon ; il n'est plus temps de regarder en arrière. »

Paç, qui ne voyait pas d'un œil content les lauriers de Sobieski, quoiqu'il en eût moissonné lui-même, dit d'un ton ironique : « J'ai pourvu mon armée pour sept ans ; et, dans cette croisade, je suis bien fâché que la vraie croix ne soit plus à Jérusalem. » Sobieski prit la parole à son tour : « Je m'attendais, dit-il, à d'autres sujets de délibération. A quoi bon agiter encore dans un conseil particulier ce que l'assemblée de la nation a décidé. Nous en étions nous-mêmes. L'avons-nous oublié et oublions-nous aussi l'obéissance que nous devons à la république? Tout est réglé : il ne s'agit que d'exécuter. Nous n'avons déjà que trop perdu de jours. » Paç, pressé par ce raisonnement, objecte qu'il attend encore quelques troupes. On lui assigne un point de jonction, qu'il accepte.

Le roi, après ce conseil inutile, voulut faire la revue de l'armée. Ceux qui connaissent la Pologne seront étonnés qu'elle ait pû assembler cinquante mille hommes en si peu de temps. Sobieski créait. Le roi applaudissait à la beauté des troupes : mais les troupes ne lui rendaient pas ses applaudissements ; elles ne voyaient dans lui qu'un prince faible qui avait signé l'esclavage de la Pologne. Il lui aurait fallu des siècles de vertu pour réparer une telle lâcheté ; et d'ailleurs il n'avait point cet air guerrier qui plaît tant au soldat, cette mine haute qui annonce le héros. Il était habillé à la française (moyen de déplaire parce que toute nation tient à ses usages), couvert de rubans, son chapeau chargé d'un bouquet de plumes, une canne à la main au lieu du bâton de commandement. On l'eût pris pour un héros de bal ; et on allait sur un champ de bataille. Il n'acheva pas la revue. Tout-à-coup sa couleur changea, une sueur froide coulait sur son visage. La maladie était dans ses reins. On le transporta à Léopol, où la médecine lui fut plus nécessaire qu'il ne l'était à l'armée.

Sobieski se mit en mouvement et commença une marche de six semaines. Arrivé aux bords du Dniester, il s'arrêta quelques jours pour attendre les Lithuaniens. Jusque-là les troupes avaient marqué de la volonté; mais les vivres commençaient à devenir plus rares, les chemins plus difficiles, et l'hiver s'avançant avec ses frimats, le parti dévoué à la cour en profitait pour semer le découragement. Il se déguisait sous le masque du bien public. Il demanda un conseil de guerre, qui fut fort nombreux. Ce fut la crainte qui parla. Elle ne voyait que des fleuves enflés, des forêts immenses à traverser, des armées bien supérieures à défier, des maladies et la famine. Fallait-il, dans une campagne commencée trop tard, ensevelir les héros du sénat, la fleur de l'ordre équestre et toutes les forces de la Pologne.

Sobieski, indigné de voir la Pologne vaincue avant que d'avoir combattu, parla fortement de la honte qu'il y aurait à reculer après une marche d'un si grand éclat; et du danger de laisser plus longtemps la république aux fers. « Je sais, dit-il, qu'un aga est parti de Constantinople pour venir demander ce tribut flétrissant, auquel nous nous sommes soumis dans la dernière paix; et qu'il apporte à notre roi cette veste ignominieuse qui va le marquer au rang des esclaves de la Porte! Vous craignez la disette; pensez-vous que je n'aie pas tout prévu? vous aurez des vivres d'où vous ne les attendez pas. Vous redoutez le nombre des ennemis; faut-il donc que nous soyons en nombre égal pour les battre? Mais la Porte n'a point encore mis en campagne ces grands corps d'armées qui épouvantent l'Europe; elle a seulement quatre-vingt mille hommes sous les murs de Choczin. C'est à Choczin que je vous mène; et, si les officiers m'abandonnent, je me flatte du moins que les soldats avec qui j'ai vaincu tant de fois suivront encore mes pas. Ou je reviendrai victorieux, ou j'expirerai sur un cadavre turc. »

Ces sortes de discours sont plus nécessaires avec des hommes libres que dans un gouvernement absolu, où tout marche sous les lois d'une obéissance aveugle. Ils relèvent souvent les courages abattus. Celui-ci pourtant ne fut point suivi de ce murmure agréable qui marque l'applaudissement. Au contraire, la résistance augmenta, et le lendemain, à la pointe du jour, on vint avertir Sobieski que les Lithuaniens refusaient d'aller plus loin. On voit ici le mauvais effet de cette indépendance réciproque de deux corps d'armée, dont l'un veut fuir le but, tandis que l'autre y marche. Paç disait que l'armée polonaise ne s'informait pas seulement si les Lithuaniens suivaient; qu'en marchant la première, elle ne laissait que la disette sur son passage; que le temps de la solde militaire s'écoulait, que la campagne touchait à sa fin, et d'autres raisons apparentes dont on ne manque jamais quand on veut embarrasser un rival.

Sobieski détacha l'enseigne de Posnanie, Scorazowski. Cet homme éloquent, et agréable à celui qu'il fallait toucher, rendit un plus grand service à l'Etat que s'il eût exposé sa vie sur un champ de bataille. Paç l'écouta, et, dès ce moment, le passage du Dniester fut résolu. Le fleuve débordé n'offrait point de gué : ceux qui avaient montré le plus de résistance, furent les premiers à se jeter à la nage, comme pour laver la tache dont ils s'étaient noircis. Sobieski arrêta cette fougue téméraire, qui en noya quelques-uns. Un pont de bateaux s'achevait. Le chef passa le dernier, et on s'avança vers la Bucovine, forêt de trente lieues de longueur sur autant de largeur. Une branche des monts Carpates y forme des défilés extrêmement difficiles, que le voyageur ne passe pas sans frémir.

L'armée s'enfonça dans la forêt où elle s'attendait à disputer les passages. L'ennemi ne parut qu'au débouché dans la plaine : c'étaient quelques petits corps seulement qui se retirèrent bien vite.

Sobieski, pressant sa marche, cotoya le Pruth ; puis ; l'abandonnant, il se présenta, le 9 novembre, devant le champ de Choczin. La ville, sur la rive droite du Dniester, était défendue par une citadelle élevée ; et un fort, sur la rive gauche, couvrait la tête d'un pont. C'est là que, cinquante ans auparavant, le sultan Osman fut vaincu, et que le père de Sobieski fit des prodiges. Le fils tentait de plus grandes choses encore, avec cette différence qu'alors les Polonais défendaient le camp, et qu'en ce jour ils venaient l'attaquer. Le séraskier Husseim, élève du fameux Cuprogli, y commandait quatre-vingt mille combattants de ces vieilles troupes qui avaient emporté Candie. Le titre de séraskier se donne à tous les généraux en chef qui représentent le visir. Husseim avait épuisé la plaine à dix ou douze lieues à la ronde, pour mettre l'abondance dans son camp, tandis que les Polonais, dont la plupart n'avaient jamais vu le feu, manquaient de beaucoup de choses.

Paç, balançant l'inégalité des forces dans un conseil de

guerre qui se tint la nuit, protesta qu'on ne pouvait, sans une témérité punissable, exposer à une perte certaine les dernières ressources de la république ; que, pour lui, au lever du soleil, il se retirerait avec ses Lithuaniens, pour les conserver à la patrie.

Sobieski, plus fatigué par l'ami que par l'ennemi, répondit qu'il avait prévu tout ce qu'il voyait, excepté la résolution de Paç ; que la situation des choses ne l'effrayait point ; qu'il était plus dangereux de se retirer devant un ennemi supérieur que de l'attaquer ; et qu'enfin il lui demandait pour toute grâce d'être seulement spectateur des premiers coups.

Paç aimait la gloire ; et, puisque Sobieski s'obstinait à la chercher, il eût été au désespoir qu'il l'eût trouvée sans lui.

Le 10, tout se disposa pour l'attaque. Il y avait dans l'armée une troupe de Cosaques que Sobieski avait attirés par ses largesses. Samuel Motovildo, impatient de se signaler à leur tête, sans attendre l'ordre du général, ouvrit l'action. Il était déjà sur le retranchement, lorsqu'il tomba sans vie sur un janissaire qu'il venait de percer. Ce brave homme avait souffert un esclavage de dix-neuf ans sur les galères turques. Il s'était mis en liberté par son courage avec trois cents compagnons de son malheur. Vainqueur de la galère où il était enchaîné, et teint du sang de ses tyrans, il avait abordé à Venise. Il méritait de mourir libre ; sa troupe fut hachée.

Ce n'était pas ce jour-là que Sobieski avait destiné au sang. Il resta en bataille dans l'espérance que l'ennemi, avec tant de supériorité, sortirait de son camp. Il n'y eut que de la cannonade. Sur le soir, un événement inattendu fortifia les Polonais. A la droite des Turcs était un camp séparé de sept à huit mille chevaux valaques et moldaves, troupes chrétiennes à leurs ordres. Elles ne répondaient ni par la beauté ni par le nombre aux espérances du séraskier. Les deux hospodars qui les avaient amenées furent traitées en esclaves. Le séraskier s'oublia jusqu'à frapper le moldave d'une hache d'armes. Les deux princes, emportés par la vengeance, vinrent offrir à Sobieski leurs bras et leurs troupes. Les Turcs virent cette désertion en frémissant, se trouvant hors d'état de l'empêcher.

Cette nuit fut bien dure à passer sous les armes. Le soldat, glacé par la neige qui tombait en abondance, regardait Sobieski visitant les postes, se reposant sur un affût de canon et refusant une tente. A la pointe du jour, il observa que les rangs des ennemis s'éclaircissaient. On voyait sur le parapet le même nombre de drapeaux , mais beaucoup moins de janissaires. Les Turcs , accoutumés à une douceur de climat que les Polonais ne connaissent pas, sont moins faits à la fatigue. Excédés d'avoir été vingt-quatre heures en bataille au milieu des frimats, et ne pouvant se persuader qu'on osât les attaquer en plein jour, ils prenaient un peu de repos.

« Voici le moment que j'attendais, dit Sobieski aux officiers dont il était environné, portez mes ordres pour l'attaque ; » et à l'instant il donna un exemple, qu'en tout autre occasion on blâmerait dans un général. Voyant les premières brigades flotter entre le courage et la crainte, il fit mettre pied à terre à son régiment de dragons, troupe formée par ses mains ; et, marchant à leur tête, il arriva aux retranchements. Sa taille puissante l'embarrassait pour monter; il fut aidé en essuyant le feu de l'ennemi, et il se montra avec ses dragons sur le parapet. L'infanterie, qui le voit et qui tremble pour lui, s'élance de droite et de gauche pour le soutenir, fait plier les premiers postes les uns sur les autres, et tourne contre eux leur propre canon.

Pendant que cela se passait, le palatin de Russie, Jablonowski, fit un mouvement de la dernière importance. La cavalerie n'avait pas encore pénétré, et l'infanterie craignait d'être enveloppée en s'engageant trop avant : il tourna par le camp que les Moldaves avaient abandonné, et, avec les Pancernes, il s'ouvrit un passage. Sobieski combattait à pied depuis une heure; enfin il monte à cheval, la cavalerie se fait jour par le retranchement même.

La surprise fait plus de ravage que le feu et le fer. Les Turcs, poussés de toute part, perdaient beaucoup d'hommes et de terrain. Mais les Polonais, trouvant plus de riches pavillons abandonnés que d'ennemis, s'arrêtèrent au pillage, écueil ordinaire des troupes où la discipline est faible. Si la victoire balança, ce fut dans ce moment. Les Turcs, charmés du pouvoir de leurs dépouilles, reprirent courage et repoussaient les vainqueurs. Sobieski, avec les Towarisz, soutint ce premier choc. Jablonowski le secondait avec les Pancernes. Le palatin de Podalquie, Leczinski, ramena les pillards aux drapeaux ; et la victoire, qui semblait fuir, reparut avec l'ordre.

Sobieski, dans la chaleur de l'action, n'en négligeait pas les suites. Il ordonna au baron de Beham, officier français, de marcher au pont pour ôter la retraite à l'ennemi. Il n'y avait plus que les Janissaires qui tinssent ferme, n'osant lâcher pied sous les yeux du brave soliman qui les commandait. Le séraskier, de son côté, faisait tout ce qu'on pouvait attendre d'un général qui se trouve forcé dans son camp. Il rappelait au combat ses escadrons rompus.

Mais, lorsque des fuyards, repoussés des ponts, vinrent annoncer que la retraite était coupée, les Turcs, au lieu de puiser du courage dans le désespoir, ne sentirent plus que la terreur. Un corps de six à sept mille chevaux cherchait à s'échapper par un endroit où le rocher s'abaissait ; les Lithuaniens, qui entraient par cette ouverture, les chargèrent. Repoussés sur le champ de bataille, ils allèrent à toute bride se heurter contre un peloton de cavalerie polonaise. Sobieski était là, car il se portait partout. Malheur au général qui, dans une pareille circonstance, ne sait pas être soldat. Il le fut ; et la fortune le servit autant que la bravoure. Son bras se lassait de frapper. On lui portait un coup mortel : un jeune héros, Zelinski, le reçut. Sa mort fut vengée. C'était un combat particulier au milieu d'une affaire génerale. Le palatin de Kalish et le castellan de Posnanie accoururent avec un gros de gendarmerie, et dégagèrent les Polonais. Tout le camp se jonchait d'infidèles expirants. Soliman venait d'être blessé et pris au milieu des janissaires qui pliaient enfin. Les spahis poussaient leurs chevaux pêle-mêle, sans autre dessein que celui d'éviter le sabre qui les poursuivait. Le séraskier, couvert de plaies, ne pensait plus qu'à sauver les malheureux dépris de sa défaite, mais par où ? il n'avait devant lui que quelques sentiers à travers les rochers ou les flots du Dniester.

Ce n'était plus une bataille, mais, du côté des Turcs, une déroute complète, où la destruction se multiplie sous toutes les formes. Ici c'est un rocher d'où les fuyards se précipitent pour se briser sur d'autres rochers ; et l'on voit des hommes et des chevaux entassés les uns sur les autres à plusieurs piques de hauteur. Là c'est une infanterie éperdue qui court vers la citadelle ; mais la citadelle regorgeant déjà de monde, la renvoie au sabre de l'ennemi. Plus loin c'est la cavalerie qui se jette dans le fleuve, où le feu l'attent pour finir ses horreurs. Ceux même qui gagnent l'autre bord, ou ceux qui avaient passé avant la rupture du pont, ne sont pas en sûreté. Ils s'étaient remis en bataille pour protéger et recevoir ceux de leurs compagnons qui tenteraient le passage : un brigadier de cavalerie, l'impétueux Mondréoski, ne leur permet point de vivre. Il se jette à la nage, suivi de sa brigade. Une balle vient le frapper au milieu dn fleuve et le laisse sans connaissance. Sa troupe continue sa marche, de nouveaux escadrons s'y joignent ; et l'ennemi, battu par tout, cherche son salut sous les murs de Kaminieck.

L'eau était couverte de dix mille turbans et la terre de vingt mille morts, parmi lesquels on comptait huit mille janissaires. La victoire ne coûta aux vainqueurs que cinq à six mille hommes tués ou blessés. Le grand veneur fut beaucoup regretté. Biginski, retiré d'un tas de cadavres, le lendemain de la bataille, eut le plaisir de savoir qu'on avait pleuré sa mort. Quand on pense à la supériorité des vaincus, on croit lire une fable. De deux choses l'une : ou c'est un grand désavantage d'attendre l'ennemi dans des retranchements, ou le ciel paraissait avoir combattu pour les Polonais. Une troisième peut-être donne la solution. Quand les hommes se battent, non pour la fantaisie d'un souverain, mais pour leur bonheur réel, et celui de la patrie, ils s'élèvent au-dessus de l'humanité.

On avait fait un grand nombre de prisonniers qui flétrirent les lauriers de Sobieski. Il est sans doute à propos de faire remarquer le mal que les hommes puissants font aux autres hommes. C'est à eux à ne faire que du bien, s'ils veulent qu'on écrive que du bien. A peine Sobieski eut-il remercié Dieu par le sacrifice de la messe, dans le magnifique pavillon du général turc, qu'il fit massacrer des captifs qui ne se défendaient plus ; et à cette première barbarie il en ajouta une seconde en donnant ordre aux habitants du pays de mettre à mort tout infidèle qui aurait cherché un asile dans leurs foyers, sous peine de la vie pour eux-mêmes. Il oubliait que le Dieu des batailles (qualité qu'il ne prend que lorsque des forcenés troublent la terre), est encore plus le Dieu de l'humanité. Des bachas périrent dans cette boucherie ; mais il n'eut pas le cruel plaisir d'y envelopper le séraskier Husseim, qui s'était évadé à temps.

Il fut plus humain envers les malheureux qui attendaient leur sort dans la citadelle de Choczin, où il y avait de grandes richesses. Les Grecs, les Arméniens et les Juifs y tenaient leurs magasins pour le camp. L'artillerie fut avancée le même jour. Il était impossible que la citadelle tînt. Un secours lui arrivait de Kaminieck, qui fut bientôt repoussé par Samuel Cosacowski ; après quoi, Sobieski envoya aux assiégés un député polonais avec un prisonnier de distinction, le bacha Czausio, pour les sommer de se rendre ou de se résoudre à être passés au fil de l'épée. Ces malheureux osèrent encore demander une capitulation honorable, d'être conduits à Kaminieck, en emportant leurs effets sur quarante chariots. Le Turc qui lut les conditions à Sobieski, en les arrosant de ses larmes, le supplia de considérer que la victoire ne s'attache constamment à aucune nation; que Dieu punit ceux qui en abusent; et qu'il a plus d'une fois abaissé le lendemain ceux qu'il avait élevés la veille. Sobieski accorda presque tout; et sur-le-champ le bacha qui commandait à Kaminieck reconnut cette bonté en renvoyant, sans rançon, cinquante captifs polonais.

L'histoire, après avoir accusé le général Paç de son attitude pendant la marche et avant l'attaque, lui doit cette justice qu'au moment de l'action, rendu à son courage naturel et à l'amour de la patrie, il se conduisit en héros avec ses Lithuaniens, qui laissèrent douter si les Polonais étaient plus braves.

Pendant que tout cela se passait entre le Pruth et le Dniester, l'aga avait fait son chemin. Arrivé à Léopol vers le commencement de novembre, il y avait trouvé le roi à l'extrémité. La maladie qui s'était déclarée pendant la revue avait fait des progrès à désespérer. Un ulcère dans les reins, du sang au lieu d'urine, des convulsions d'estomach, des vomissements continuels ne lui laissaient qu'un souffle de vie, qui ne lui permettait pas de donner audience. Cependant l'ambassadeur insistait avec plus de hauteur encore qu'il n'en avait montré à l'armée. Il voulait absolument remettre au roi la lettre de Mahomet et la cassette dont il était chargé. Les grands-officiers de la couronne et de la cour étaient dans une agitation mortelle. Ils craignaient que la lettre ne contînt des expressions impérieuses, le style d'un seigneur à son vassal;

ils craignaient jusqu'à la suscription qui pouvait être changée depuis que la Pologne était devenue tributaire de la Porte. Le vice-chancelier, avant que de proposer l'audience au roi mourant, demandait à voir la lettre, et la cassette qui donnait encore plus d'inquiétude. On se représentait ce bâton de commandement, cette veste, signes humiliants de vassalité que le grand-seigneur envoie à ses tributaires dans trois parties du monde : en revêtir ce prince expirant, c'était lui donner le coup de mort ; et quel affront éternel pour la Pologne ! Ce qui augmentait les soupçons, c'est qu'il n'y avait point de lettre pour le vice-chancelier. Ce procédé contre l'usage ne présentait que des ténèbres qui couvraient quelque chose de funeste. Cependant l'ambassadeur s'obstinait à ne rien révéler qu'au lit du roi. Il semble qu'on aurait pû le laisser murmurer dans son obstination. Mais les suites en paraissaient à craindre. On ne savait pas quel succès aurait l'armée; les dernières nouvelles n'en étaient pas heureuses; et si on échouait dans l'expédition de Choczin, quel joug serait désormais assez pesant pour les vaincus ? L'adresse vient ordinairement au secours de la faiblesse. On dissimula; on flatta l'aga. On lui fit entendre que le roi reprenait des forces, et que dans peu de jours il serait en état de l'écouter. Effectivement l'ulcère s'était ouvert, et les médecins espéraient tout : mais la nature, qui les trompe si souvent en bien ou en mal, avait décidé contre eux. Michel expira le 10 novembre, sans postérité, à l'âge de 35 ans, après quatre ans de règne, ou plutôt d'agitation, de flétrissure, de troubles et d'horreurs. Si le sceptre peut rendre un mortel heureux, c'est seulement celui qui sait le porter. Michel, né avec un cœur sensible, eût été bon roi, s'il avait pû être un grand roi. Son incapacité fit son malheur et celui de l'Etat. La royauté ne l'était venu chercher que pour l'abreuver de fiel, sans aucun mélange de consolation. Il avait vu le mal, il ne vit pas le bien. Ses yeux s'étaient fermés la veille de la victoire de Choczin.

Trois jours après, l'espoir d'un nouveau triomphe vint flatter Sobieski. Il sut, par le prince moldave, que dix mille Turcs, après avoir passé le Danube, traversaient la Moldavie pour grossir encore le camp de Choczin. Il prit avec lui une partie de sa cavalerie, sans équipage, et après quatre jours de marche forcée, arriva à Pérérita, sur le bord du Pruth. Mais il eut le regret de manquer son coup. Le général turc, Kaplan Bassa', instruit dans sa route de la défaite de Choczin, avait répris le chemin du Danube.

Sobieski, revenu à son armée, pensait à tirer les plus grands avantages de ses succès, mais tout s'y opposa. Paç, qui s'était fait traîner à la victoire, n'était pas d'humeur à la suivre. Il avait repris la route de Lithuanie avec ses troupes pendant l'absence de Sobieski. Les Polonais avaient encore de la volonté, mais la nouvelle de la mort du roi changea la disposition des esprits', ou fut un prétexte pour un grand nombre. Ceux qui étaient chargés du butin de l'Orient, étaient pressés d'aller le mettre à couvert dans leurs foyers. D'autres, que les travaux lassaient dans une saison si dure, en désiraient la fin. Tous disaient que l'élection du nouveau roi était l'unique affaire dont il fallait aller s'occuper en Pologne.

Sobieski représentait que l'élection ne pouvait avoir lieu qu'au printemps, et que l'hiver serait bien employé à chasser les Turcs de l'Ukraine, et peut-être à tenter quelque chose sur Kaminieck. Il montrait une lettre du grand-chancelier, qui conseillait de poursuivre la victoire.

On est étonné de voir Sobieski si peu pressé de retourner à Varsovie pour y former des brigues, lui qui avait tant de titres pour la couronne. Il ébranlait les Polonais, il les reportait à de nouvelles entreprises. Un ordre du primat Czartoriski l'arrêta. Cet ordre portait de ramener sans délai l'armée en Pologne. La volonté de l'inter-roi est plus sacrée que celle du roi. Il fallut obéir. Tout ce que put faire le grand-général, ce fut de laisser une garnison à Choczin, où l'on éleva un tertre que les Polonais appellent Mogila, monument grossier d'un beau triomphe.

Il n'était pas juste d'abandonner à la vengeance des Turcs les Moldaves et les Valaques, qui étaient venus se livrer à Sobieski. Il détacha un corps de huit mille hommes, sous la conduite du grand-enseigne Sienawski, pour défendre le pays et les deux hospodars, défense qui ne leur servit guère.

Si on considère cette expédition du côté de la conquête, elle n'offre presque rien d'avantageux. On gagnait Choczin, un amas de cabanes couvertes de chaume. La citadelle, bonne pour le pays, fut reprise par les Turcs pendant l'hiver; mais, à voir l'expédition du côté de la gloire et de la conservation, il en est peu d'aussi brillantes, et qui présentent autant d'intérêt. Elle empêchait la ratification du traité de Boudchaz, par le premier paiement du tribut; elle suspendait l'esclavage de la Pologne; elle affaiblissait les Turcs par la perte d'une armée aguerrie; elle leur apprenait que la Pologne, avec des forces médiocres, pouvait braver leur énorme puissance.

Sobieski, couvert de gloire, se rendit à Léopol, où il reçut les félicitations de tous les ordres. Les palatinats les plus éloignés envoyèrent des députés au libérateur de la patrie. Au bruit du triomphe de Choczin, on avait quitté le deuil d'un roi qu'on ne pleurait pas, pour prendre les couleurs et le ton de l'allégresse.

Cependant tout retentissait à Varsovie des brigues qui se faisaient pour la couronne, et Sobieski restait à Léopol, comme s'il eût été sans prétention. Il croyait que le meilleur titre était de continuer à défendre la patrie. Fixé à Léopol pour tout l'hiver, il se mettait à portée de contenir les Tartares et les Cosaques, ou même de travailler à rendre ces derniers à la Pologne.

II

La diète de convocation qui précède celle de l'élection fut indiquée au 15 janvier. Elle devait se terminer en quinze jours : mais la passion que tout le monde avait d'y voir Sobieski la fit proroger au 22 février. Il se refusa à cet empressement, parce que l'ennemi l'occupait. Tout s'y passa tranquillement, sous la direction du primat inter-roi, à qui la république dut encore le calme général dont elle jouit durant tout l'interrègne, temps ordinairement orageux, dont les brigands et les séditieux profitent. La mort du roi et le temps de l'élection furent notifiés, selon la coutume, aux puissances de l'Europe. Le champ électoral fut ouvert au 1er de mai. Il y avait deux manières d'élire les rois de Pologne, ou dans l'assemblée générale de la noblesse, ce qu'on appelait *diète à cheval*, ou seulement par les suffrages du sénat et des nonces, qui représentaient la noblesse et les provinces. Le primat inter-roi, craignant les dangers de la première, qui était ordinairement tumultueuse et violente, mania si adroitement les esprits, qu'il fit préférer la seconde, où la nation, représentée par ce qu'il y a de plus sage, peut attendre un meilleur choix.

Sobieski montra tant d'indifférence pour la couronne, qu'il n'arriva que le 10 mai, malgré toutes les instances du champ électoral, qui voulait s'éclairer de ses lumières. Peut-être aussi y mit-il de la politique pour être plus remarqué. C'était la première fois qu'il reparaissait devant les ordres assemblés, depuis la victoire de Choczin. Il fut reçu avec une pompe à étonner les étrangers, qui n'étaient point accoutumés à voir leurs généraux dans les honneurs du triomphe.

Six rivaux marchandèrent la couronne par leurs ambassadeurs.

Le prince Thomas de Savoie offrait deux millions pour soudoyer les troupes de la république pendant quelques mois, avec un secours de cinq mille hommes d'infanterie, jusqu'à la conclusion de la paix avec le Turc. Il promettait, outre cela, de vendre tous les biens qu'il possédait en Savoie ou en France, valant neuf millions de florins, somme qu'il appliquerait au bien de la république et qui la délivrerait des fausses monnaies dont elle était infectée; tout cela sous la garantie du duc de Savoie, son oncle.

Le duc de Modène, modeste en réalités, était prodigue

en protections : le crédit des deux cardinaux Barbérins, dont il pouvait disposer; ses alliances et ses liaisons d'amitié avec tous les souverains, et surtout avec la maison d'Autriche. L'arrière petit-fils de Philippe II se flattait de tirer de grands secours des deux branches contre le Turc.

Le prince Georges de Danemark, outre les offres pécuniaires, promettait une alliance défensive entre les deux Etats. Un autre point plus intéressant peut-être, mais qui toucha peu les Polonais, c'était de les initier dans le commerce, en leur ouvrant d'abord celui des Indes orientales.

Le prince de Transilvanie offrait quinze millions, unissait sa principauté à la couronne et promettait d'entretenir quinze mille hommes, tant que la république aurait guerre avec le Turc. La proposition parut trop considérable pour persuader qu'il était dans le pouvoir d'y satisfaire.

Le prince Charles de Lorraine, qui, dans la dernière élection, avait vu la couronne balancer sur sa tête, se représentait pour l'y fixer. Sans être plus riche, il avait trouvé de bonnes cautions pour les offres qu'il faisait : l'empereur et le roi d'Espagne. Il s'engageait à entretenir cinq mille hommes d'infanterie pour l'expédition contre le Turc, à prendre cinq cents nobles Polonais dans sa garde, à fonder une académie où cent autres nobles recevraient une bonne éducation, à construire deux forts, l'un contre la Turquie, l'autre contre la Moscovie, à fournir neuf mois de solde militaire, avec la promesse d'affecter à la Pologne la moitié des revenus de la Lorraine et le duché de Bar, dès qu'il en serait en possession.

Le prince Guillaume de Neubourg, qui fut depuis électeur palatin, se flattant d'être plus heureux que son père, que la Pologne avait refusé dans la dernière élection, enchérissait sur toutes les offres de ses rivaux : au lieu de six ou neuf mois de solde militaire, il en promettait un an. Son père lui abandonnait, dès le moment même, les revenus du duché de Juliers, qu'il appliquerait aux nécessités de la république, en attendant qu'il pût la gratifier sans mesure lorsque l'immense succession qu'il attendait serait ouverte. Un objet plus séduisant encore dans la crise où l'on se trouvait, c'est qu'il prendrait à sa solde vingt mille Suédois et six mille Brandebourgeois, pour les employer contre le Turc.

Si l'on n'achetait cette couronne que de la république même, ce serait un bien ; mais on l'achète encore des particuliers qui la prostituent au plus offrant; et, pour surcroît de malheur, ces grandes offres qu'un candidat ambitieux fait à la république, il les oublie, autant qu'il peut, lorsqu'il est sur le trône.

De six compétiteurs il y en eut quatre qui n'eurent pas même la satisfaction passagère de balancer les suffrages : le prince Thomas de Savoie, le duc de Modène, le prince Georges de Danemark et le prince de Transylvanie. Les deux autres, le prince Charles et le prince de Neubourg disputèrent.

L'empereur Léopold, qui avait sacrifié le prince Charles dans l'élection précédente, avait les plus fortes raisons pour l'appuyer dans celle-ci ; c'était un époux pour la reine Éléonore, qui, en lui donnant sa main, resterait sur le trône ; et il paraissait beau d'y conserver le sang autrichien; beau et avantageux, puisqu'on pouvait tout attendre de l'empereur contre le Turc, si on avait cette déférence pour lui et pour sa sœur. Presque tous les grands le nommaient; et le primat inter-roi élevait sa voix au-dessus des autres. « Quand nous pensions à déposer le roi Michel, disait-il, notre premier mouvement fut de destiner notre couronne au prince Charles, en projetant son mariage avec la reine Éléonore. Ce que nous ne pouvions faire alors, sans de violentes secousses, nous le pouvons à présent, par la liberté de nos suffrages et pour le bien de la patrie. Pourquoi changerions-nous d'avis? Dans tout autre arrangement, nous n'avons rien à espérer de mieux ; et nous aurions deux reines, dont l'entretien chargerait la république. » Ce qui fortifiait beaucoup cette faction, c'étaient les deux Paç, l'un grand-général, l'autre grand-chancelier de Lithuanie, qui entraînaient les Lithuaniens. La faction était si aveugle, dans son zèle, qu'elle prétendit donner le pas à l'envoyé du prince Charles sur l'ambassadeur de France. La proposition parut si absurde qu'elle tomba d'elle-même. Mais l'ambassadeur de France, Toussaint de Forbin, évêque de Marseille, disait une chose qui était écoutée avec plus d'attention. Il recommandait à la république de ne pas choisir un prince ennemi de son maître ; et il portait le prince de Neubourg.

Le parti de ce prince n'était pas aussi ébloui que les grands de la splendeur du sang autrichien. Cette reine Éléonore, qu'il fallait laisser sur le trône, si on couronnait le prince Charles, ce parti la craignait ; et il redoutait encore plus l'influence du conseil de Vienne sur le gouvernement de Pologne. On n'avait pas les mêmes choses à craindre du prince de Neubourg, ni de la princesse qu'il épouserait; puisqu'il offrait de se marier au gré de la république. Les grands offres du prince de Neubourg, et les mêmes puissances qui avaient porté son père dans la dernière élection, parlaient pour le fils dans celle-ci ; et si son parti n'était pas le plus fort par l'éminence des personnages, il était plus considérable par le nombre.

Sobieski en suscita un troisième. Il représenta que, dans la situation où se trouvait la république, à la veille de voir fondre sur elle toutes les forces ottomanes, elle avait besoin d'un héros tout formé, dont le nom seul annonçât la victoire; que ce héros on ne l'apercevait pas dans le prince de Neubourg, qui ne l'avait pas encore cherchée ; pas même dans le prince Charles, qui n'en connaissait que le premier sourire ; mais qu'on la trouverait dans le prince de Condé, si familier avec ses faveurs et si célèbre dans l'Europe; qu'on aurait déjà dû le couronner dans la dernière vacance du trône, sans s'arrêter à un misérable libelle, dont les auteurs n'osaient pas se montrer ; mais qu'il était encore temps de se donner un roi que toutes les nations s'ambitionneraient, si elles pouvaient disposer d'elles-mêmes.

Ce nouveau candidat, qui n'avait fait aucune proposition à la république, auquel personne ne s'attendait, fit soupçonner que la France n'était pas sincère dans sa recommandation pour le prince de Neubourg. Les deux partis contraires jetèrent des regards de défiance sur son ambassadeur. Ils crurent qu'il répandait secrètement de l'or pour le prince de Condé, et que Sobieski n'avait pas fermé la main. Ils se trompèrent.

La proposition de Sobieski renfermait un mystère qui

ne tarda pas à se dévoiler. Il était étonnant que le champ électoral ne pensât pas à le couronner lui-même, lui qui était le héros de la Pologne. Deux prétextes l'éloignaient du trône, tandis que les talents et les vertus l'en approchaient. Marie d'Arquien, sa femme (au jugement des grands), n'était pas faite pour s'y asseoir. « Cet honneur suprême, disaient-ils, convenait mieux au sang autrichien. » C'est ainsi que les hommes sacrifient souvent leur bonheur à un fantôme. Un autre obstacle plus réel, c'était une exclusion positive que les Lithuaniens donnaient à tout *piast*. « La nation, s'écrièrent-ils, qui a tant souffert de l'imbécile gouvernement de Michel, doit chercher un roi chez l'étranger. » Et la reine avait influé secrètement dans cette exclusion si humiliante pour la Pologne. Les Lithuaniens ne disaient pas la vraie raison. La reine et les Paç ne pouvaient se figurer que Sobieski n'eût aucune vue sur la couronne. Il était venu avec une magnificence digne d'un roi, il en avait le mérite : il fallait l'exclure sous la qualité de *piast*.

Sobieski, dans cette position, et sentant ses forces pour porter la couronne, imagina de semer le champ électoral de difficultés. Il voyait deux rivaux puissants. Il s'agissait d'en triompher en leur opposant le prince de Condé. Il savait fort bien qu'il ne lui gagnerait pas la pluralité des suffrages. Il voulait seulement les diviser pour les réunir ensuite sur lui-même, s'il était possible. Il réussit d'abord de diviser au-delà de ses espérances. Au nom de Condé, les Neubourgiens frémirent ; les Lorrains tonnèrent ; on rappela contre lui tout ce que le libelle avait de plus odieux ; on enchérit encore, on touchait à une cission, et peut-être à une guerre civile ; on sentait que Sobieski était assez fort pour se rendre maître de l'élection, l'étant déjà par l'armée polonaise, qui demandait tout haut le prince de Condé, ne suivant en cela que l'impression du général, sans pénétrer ses vues. Les Paç avec l'armée lithuanienne, moins nombreuse à la vérité, se préparaient à soutenir les intérêts de la reine et du prince Charles. Les deux frèrent avaient sur les Lithuaniens tout l'ascendant qu'ils voulaient ; ils savaient que le prince Charles était en Silésie, avec des troupes qui, jointes aux leurs, balanceraient les forces polonaises. L'horreur d'une guerre civile faisait trembler ceux qui aimaient la patrie.

Dans cette fermentation de volontés contraires, Sobieski proposa divers moyens de conciliation, qui n'étaient propres qu'à brouiller encore plus ; et l'ambassadeur de Vienne protesta hautement que sa cour ne se départirait point de son candidat. Les grands persistaient à lui donner leurs suffrages, et vraisemblablement il aurait régné, si le primat inter-roi, Florian Czartoriski. eut vécu quelques jours de plus. La mort le surprit au milieu d'un festin que Sobieski donnait à Villanow, et, comme elle servait Sobieski, on le soupçonna de l'avoir empoisonné. C'était un génie puissant sur les esprits, rapide et plein de feux, semblable au soleil, qui entraîne les planètes dans son tourbillon. Sa mort affaiblit le parti du prince Charles, et changea toute la face de l'élection.

L'évêque de Cracovie, d'un caractère plus froid, André Trzebiski, prit sa place dans le champ électoral, et fit la fonction d'inter-roi, sans pouvoir réunir les suffrages. Ici, l'on entendait le nom du prince Charles ; là, celui du prince de Neubourg; plus encore celui de Condé. Un sénateur, que la naissance, la fortune, les lois et les armes rendaient également recommandable, parlant comme il combattait, ami de Sobieski, parce qu'il aimait la patrie, le palatin de Russie, Stanislas Jablonowski, entreprit de fixer les incertitudes.

— Si, pour vous donner un roi, dit-il, il ne s'agissait que de se décider sur les apparences, il serait à peu près égal de choisir le prince de Lorraine ou celui de Neubourg. L'un et l'autre montrent des fleurs; mais ce sont des fruits qu'il nous faut; et, sous ce rapport, je donnerais de préférence mon suffrage au grand Condé, si des fruits trop murs ne touchaient pas à la corruption. Je méprise comme vous ce libelle infâme, qui tenta de le noircir dans la dernière élection. Je ne m'attache qu'à des objets frappants. Sobieski, en nous le proposant, ne regarde que ses qualités héroïques. Mais moi, je considère son âge, ses infirmités et ses habitudes. Il est accoutumé à un autre climat, à une autre façon de faire la guerre, à d'autres usages, à d'autres mœurs, à d'autres lois. Il ignore notre langue et notre liberté. Il ne connaît que le gouvernement arbitraire sous lequel il a vieilli. Est il temps, sous des cheveux qui blanchissent, et dans l'épuisement qui le menace, de se faire un nouveau corps et une nouvelle âme? Sa vie sera usée avant qu'il ait appris une partie de ce qu'il faut savoir pour nous gouverner sagement. Encore une fois, Sobieski ne voit que la gloire qui couvre les ruines du héros. Et pourquoi, tandis qu'il s'oublie, ne penserions-nous pas à lui-même? Il est sous vos yeux : l'âge, la santé, la vigueur, les talents, la fortune, tout parle pour lui. Il est né parmi vous, s'est nourri de vos principes et de vos sentiments, il vous a éclairés dans le sénat et dans les diètes, il vous a menés tant de fois à la victoire; il a soutenu cette couronne : il saura la porler. En cherchant un roi à l'étranger, voulons-nous faire dire que la Pologne ne produit pas de héros? En le cherchant dans des maisons souveraines, elle a plus d'une fois trouvé sa perte. Vous êtes dégagés envers la reine Éléonore, puisqu'elle a refusé l'époux qu'on lui a présenté; mais vous ne l'êtes pas envers la patrie, dont le salut est entre les mains de Sobieski. »

Il y avait dans le discours de Jablonowski des choses vraies, d'autres extrêmement basardées. Ce héros qu'il représentait dans les infirmités et l'épuisement, Condé, livra cette année même la bataille de Senef, où, emporté par son ardeur guerrière, il prodigua plus qu'en toute autre sa vie et celle de ses soldats. Il voulait encore recommencer le lendemain, malgré la goutte qui le tourmentait : « Mais il n'y avait plus que lui, dit un officier présent au combat, qui eût envie de se battre. »

A peine Jablonowski finissait-il de parler, que cinq palatinats, c'est-à-dire leurs nonces, leurs castellans, leurs palatins et un grand nombre de noblesse, s'écrièrent :

« Vive Sobieski ! nous périrons tous, où nous l'aurons pour roi. »

Le palatinat de Russie, pays natal de Sobieski, se distinguait parmi les plus zélés; et avant la fin du jour l'acclamation devint générale du côté des Polonais. Paç et les Lithuaniens eux-mêmes, après quelques oppositions, s'unirent à eux; et Sobieski, d'un consentement unanime, fut proclamé roi.

Jamais la nation n'avait montré plus de joie. Le sénat, l'ordre équestre, le soldat, le peuple dans une pompe civile et militaire, au bruit des canons et des acclamations réitérées, le conduisirent à la basilique de Saint-Jean pour remercier le ciel.

Ses ennemis, n'ayant pu empêcher son élection, dressèrent des *Pacta conventa* qui donnaient des bornes plus étroites que les anciennes à la dépense de la maison royale et à l'autorité du prince.

Sobieski sentit le piége et l'évita, en montrant un noble désintéressement, qui réussit toujours aux grands hommes.

— Vous m'avez choisi pour votre roi, dit-il, mais l'ouvrage n'est pas achevé, et moi je balance encore. La république ne m'a pas encore remis de diplôme d'élection; et je n'ai pas encore accepté dans cette forme qui consomme tout. C'est pourquoi, si, par une défiance que je n'ai pas méritée, vous voulez me donner des chaînes que mes prédécesseurs auraient refusées, je les refuse avec la couronne.

Ce procédé généreux ferma la bouche aux perturbateurs, et le 5 juin fut destiné à serrer les liens du roi avec la république par la tradition solennelle du diplôme d'élection, et par l'acceptation de la part du roi. Mais quelques jours avant, un nouvel orage le fit encore chanceler sur le trône où il s'asseyait à peine. Les mêmes perturbateurs contestèrent l'élection. Ils dirent que le grand duché de Lithuanie avait montré une résistance bien marquée; que Sobieski, avant que d'être élu, avait promis la solde militaire pour six mois; et qu'après l'élection, il rétractait sa promesse.

Jablonowski et l'inter-roi, à la tête de tous ceux qui

aimaient la paix et la patrie, répondirent au premier chef que la résistance du grand duché de Lithuanie assurait l'élection, bien loin de l'affaiblir, puisqu'elle avait cessé par une accession libre et réfléchie : que l'élection de Michel avait passé pour légitime, malgré la violence qu'on avait mise en œuvre pour la cimenter; que le sénat n'avait fléchi que dans la vue de ne pas troubler la république.

Le second chef, quoique moins grave, n'était pas si aisé à détruire. Il était vrai que Sobieski, avant que d'être élu, avait promis d'entretenir l'armée à ses frais pendant six mois; mais, après l'élection, comptant avec lui-même, il en avait vu l'impossibilité.

« S'il avait voulu vous tromper, disait Jablonowski, il n'avait qu'à vous laisser dans cette espérance sans exécution; comment l'auriez-vous contraint, lorsqu'il aurait affermi le sceptre dans sa main? Point du tout : il vous dit ingénument, je me suis trompé moi-même, mes fonds ne suffisent pas; et si cette condition est absolument nécessaire pour porter votre couronne, je vous en remercie, je vous la rends. Polonais, soyons aussi généreux que lui. Vous avez eu cent raisons, toutes plus fortes les unes que les autres, pour déposer le roi Michel : vous ne l'avez pas fait. Voudriez-vous, pour un objet aussi mince, anéantir une élection légitime et vous priver du plus grand des rois? Ce qu'il promet à présent, après un examen plus réfléchi, il le tiendra. Il va jurer, dans les *Pacta conventa*, qui sont sous vos yeux, de prendre, sur la mense royale, la pension que vous assignerez à la veuve du roi Michel, de racheter de ses deniers les pierreries de la couronne qui ont été engagées, de fonder une école militaire pour la jeune noblesse, et d'élever deux forts au gré de la république. »

La face de la république prit enfin un air de sérénité ; et tout étant calme ou paraissant l'être, le nouveau roi reçut solennellement le diplôme d'élection, dans la même basilique où il avait été conduit en quittant le champ électoral.

Sobieski était dans un âge également éloigné du feu des passions et du froid de la vieillesse, à l'âge où l'homme est tout ce qu'il doit être ; il avait quarante-cinq ans : et, si le trône se donnait à l'avantage de sa figure, il l'eût encore mérité par cet endroit. Une taille haute, un visage plein, des traits réguliers, un nez aquilin, des yeux pleins de feu, une physionomie noble et ouverte, voilà son portrait. Il n'avait pas encore alors ce corps replet, qui, avec le temps diminua sa bonne grâce ; on ne lui voyait que cet embonpoint qui, en marquant une santé florissante, cadre si bien à l'habit polonais. L'air majestueux que les courtisans prêtent à tous les souverains, la nature l'en avait doué. Il prit le nom de Jean III.

Le couronnement, pour les rois héréditaires, n'est qu'une cérémonie qui n'ajoute rien à l'autorité qu'ils tiennent du sang. Mais pour les rois électifs, c'est un acte solennel et nécessaire qui lui donne l'exercice de la souveraineté. L'intervalle de l'élection au couronnement est une suite de l'interrègne qui laisse encore le gouvernement dans les mains du primat. Le nouveau roi ne peut dater son règne que du jour où il reçoit la couronne ; et il a les mains liées jusqu'à ne pouvoir signer simplement roi : il faut qu'il ajoute élu.

Jean pouvait sortir de cette situation, par un seul mot, mais il fut plus pressé de venger la Pologne que de régner sur elle. Parvenu à la couronne à force de mérite, il différa son couronnement pour s'occuper uniquement de la guerre contre les Turcs. La république reconnut cette générosité par une autre : dérogeant aux institutions pour cette fois, elle lui permit de compter son règne du jour de l'élection, de décider de la paix et de la guerre, de publier des universaux, sous son sceau privé, pour les diètes et la pospolite, en cas de nécessité. Elle lui permit encore les dépêches aux cours étrangères sous le même sceau, et, enfin de nommer aux charges vacantes. Celle de grand maréchal en était une. Ce bâton devait sortir de ses mains, puisqu'il portait le sceptre. Nous avons vu que le roi Casimir, de sa propre autorité, exemple inouï ! en avait dépouillé Lubomiski, pour le lui donner. Jean le rendit au fils qui en était digne, acte de justice et de politique tout à la fois. Il ramenait à lui un cœur aliéné, qui pouvait en soulever d'autres. La première place de la république, la primatie, vaquait aussi. André Trzébiski en avait fait les fonctions dans l'interrègne, et il n'avait pas peu contribué à l'élection de Sobieski. Il devait s'attendre à sa reconnaissance. Un autre fut nommé, ce fut André Olsowski, évêque de Culm, et vice chancelier duroyaume, vraiment homme d'État. Deux règnes et deux interrègnes l'avaient prouvé. Il paraît qu'en cette occasion, le nouveau roi fit céder la reconnaissance au mérite, en même temps qu'il publiait la pompe de son couronnement pour le bien de la patrie.

Enfin le nouveau roi se mit en marche. Plusieurs places, Bar, Nimirow, Braclaw, Kalnik, se rendirent aux premiers coups de canon. Pavoloc, avec une garnison toute cosaque, se préparait à une vigoureuse défense. Une sortie de la place laissa quelques prisonniers. Jean les habilla, leur donna de l'argent, et les envoya libres dans la ville, avec des lettres qui exhortaient les assiégés à ne pas souffrir les dernières extrémités, leur promettant, parole de roi et de Sobieski, de ne retenir aucun de ceux qui voudraient passer dans le parti de Dorscensko. Ils se rendirent, et la bonté du maître les retint tous sous ses drapeaux. Jean, par cette conduite où l'humanité parlait à des rebelles, épargna beaucoup de sang cosaque et polonais.

Le kan, avec cent mille Tartares, se contentait de côtoyer et de harceler l'armée polonaise, n'osant risquer une bataille.

Human, la ville la plus grande et la plus peuplée de l'Ukraine, attendait son sort. Elle contenait près de vingt mille habitants, avec une garnison nombreuse. Jean en forma le siége en présence du kan : il la prit ; et, méprisant le Tartare, il divisa son armée pour multiplier les opérations : car les neiges et les glaces avertissaient de se hâter. Jablonowski soumit tout ce qui résistait sur sa marche. Koreski pénétra jusqu'à Kaskow, place dont il s'empara, sur la frontière de Tartarie. Paç poussait les Tartares devant lui, les battait en détail, et favorisait toutes les entreprises ; mais son zèle s'arrêta. Il reprit le chemin de Lithuanie, contre la parole qu'il avait donnée au roi. Il est vrai que l'hiver était extrêmement rigoureux, les travaux continuels, et les vivres difficiles. Ce ne fut pourtant pas la patience qui lui manqua. Paç était soldat aussi bien que général ; mais il avait des raisons pour ne dépendre que de lui-même ; et depuis que son rival était sur le trône, son antipathie avait pris de nouvelles forces. Le lecteur ne doit pas oublier qu'en Pologne, on n'est soumis à l'autorité royale que jusqu'à un certain point : un grand général la sent à peine.

Le roi, sans cette défection, aurait achevé de soumettre l'Ukraine, l'Ukraine où l'on versait du sang depuis trente ans.

Jean, ne pouvant plus tenir la campagne avec les troupes qui restaient, les distribua dans les places conquises. Pour lui, au lieu d'aller au milieu de sa cour, dans les délices de Varsovie, il se fixa à Braclaw, quartier d'hiver que chacun redoutait. Cette ville, sur le Bog. avait été et prisé et saccagée par les Turcs, en 1672.

Mahomet sorti enfin de son assoupissement, pour penser à la vengeance.

Cependant il faisait des levées de troupes, et se préparait à ne nouveaux combats. Mesurant la science du général turc sur la sienne, il ne douta pas de le voir fondre sur le palatinat de Russie, qui lui ouvrirait le sien de la Pologne. Dans cette idée, il confia six mille hommes au sage Jablonowski, avec ordre de se retrancher sous le canon de Zloczow, pour garder le passage. Zloczow appartenait en propre à Jean, et il en avait fait une citadelle pour la Pologne. Pour lui, avec douze mille hommes, aux portes de Léopol, qui est une place très-mauvaise, mais d'une importance extrême pour couvrir la Russie et les provinces voisines, il attendait l'ennemi. Il fut bien étonné lorsqu'au commencement de juillet, il apprit que le maladroit visir entrait en Ukraine, pour s'amuser au siége d'Humanne, au lieu d'aller écraser desuite une petite armée dont la destruction lui livrait la Pologne.

— Puisqu'il n'en sait pas davantage, dit le roi, je rendrai bon compte de sa grande armée avant la fin de la campagne.

Human se défendit quinze jours contre tant de forces.

Les Turcs s'en emparèrent; et, après quelques autres succès marqués par leur barbarie, ils marchèrent vers le roi.

L'armée de Sobieski, dans le camp de Léopol, avait reçu quelques recrues : elle s'élevait à quinze mille hommes. Paç, dans ce danger extrême, ne s'était pas pressé de le joindre avec ses Lithuaniens. Léopol, ville très-considérable par le commerce qui s'y fait, par ses richesses, par le grand nombre de ses habitants de toute nation et de toute religion, par trois siéges d'archevêque, l'un pour les catholiques polonais, l'autre pour les catholiques arméniens, le troisième pour les schismatiques grecs ; Léopol, avec cette importance, était une des plus mauvaises places à défendre. Située dans un fond, elle est entourée de hauteurs qui la commandent, et qui, en certains endroits, la serrent de si près, qu'on pourrait avec la main jeter des pierres sur le rempart. D'un autre côté, ces auteurs, en s'éloignant, forment un croissant fort spacieux. C'est là que le roi campait ; et c'est là que sa petite armée s'effrayait pour lui, le conjurant de mettre du moins sa personne en sûreté.

— Vous me mépriseriez, dit-il, si je suivais votre conseil.

Il est étonnant que le visir ne soit pas venu en personne lui présenter la bataille, au lieu de s'occuper à prendre de mauvaises places. C'était ici l'affaire d'honneur, l'affaire capitale qui terminait tout. Le chef tartare qu'il en chargeait n'avait pas une réputation à désespérer. Ce qu'il fit de mieux, ce fut d'employer la rapidité. Sa marche ressemblait à un feu dévorant. Tous les villages et les hameaux s'embrasaient par son ordre. Il parut comme un éclair devant le petit camp de Jablonowski. Il tenta même quelque chose sur les retranchements, mais ce général lui fit bientôt sentir qu'il n'était pas facile à entamer ; et le tartare voulait conserver toutes ses forces pour une plus grande opération. Sa célérité et son attention à enlever tous les coureurs polonais furent si suivies, que, sans les flammes qui s'approchaient de Léopol, le roi, qu'on ne surprenait guère, était surpris.

Ce fut sur les dix heures du matin, qu'on aperçut l'armée ennemie, toute cavalerie turque ou tartare, dans une vaste plaine qui venait se terminer au pied des montagnes. On était au mois d'août ; il tomba de la neige et une grêle fort grosse, qui fut plus incommode aux infidèles qu'aux chrétiens. Le roi profita de cette circonstance pour inspirer la confiance à sa petite armée. Il n'attendit pas l'ennemi dans son camp ; il se porta sur les hauteurs, il ordonna aux towarisz de planter leurs lances sur les sommets, afin de se multiplier aux yeux de l'ennemi, qui gagnait déjà le pied des montagnes. Il fit descendre son régiment de dragons par pelotons, à la faveur des broussailles. Ces dragons, tirant fort près, contraignirent l'avant-garde ennemie à s'éloigner. Un escadron polonais remplit le vide; d'autres arrivèrent après eux ; et bientôt toute l'armée se forma en bataille, tandis que les lances des towarisz figuraient encore sur les hauteurs.

Les infidèles ne voyant plus rien descendre, et se confiant au nombre, chargèrent avec des cris et des hurlements, capables peut-être de porter l'effroi dans le cœur des combattants qui les entendraient pour la première fois. Les Polonais n'en furent pas effrayés ; mais la charge fut terrible. Ils balancèrent; le roi soutint leur courage et laissa jeter aux infidèles leur premier feu. Ils reviennent plusieurs fois à la charge; et on se contente de les recevoir avec fermeté. Le roi avait embusqué une troupe pour les prendre en flanc ; et une batterie s'avançait sur une colline pour les foudroyer. C'était le moment qu'il attendait pour les charger à son tour. Jamais général plus décidé, et jamais les troupes polonaises ne montrèrent plus de valeur. Les infidèles, attaqués en tête et en flanc, plient à la seconde charge, la déroute se met parmi eux. On les poursuit jusqu'à un marais profond, où un grand nombre s'abîme. Ils laissent quatorze à quinze mille hommes sur le champ de bataille, et la nuit sauve le reste. Nuradin s'était vanté de prendre le roi et de le mener au visir. Il pensa être pris lui-même, et il porta la nouvelle de sa défaite au camp de Sbaras.

Le visir, consterné, voulut terminer la campagne par un coup d'éclat. Ce n'était pas en marchant lui-même au vainqueur, pour lui arracher la victoire, mais en prenant Trembowla, à l'entrée de la Polodie. Cette forteresse, avec de grandes et bonnes défenses, est suspendue sur un rocher, dont l'accès n'est praticable que du côté d'une petite plaine, bordée de bois épais. Ce côté accessible est défendu par deux ravelins, avec de bons fossés et un chemin couvert. La rivière d'Inow, profonde et fangeuse, fait presque le tour du rocher, ce qui oblige une armée à se séparer en plusieurs quartiers pour former le siége.

Kara-Mustapha se flattait d'emporter la place avant que Jean pût l'inquiéter ; et pour y réussir plus promptement, en épargnant le sang des janissaires, il employa la souplesse avant la force. La réputation du commandant l'inquiétait. C'était un juif qui avait quitté la loi de Moïse pour embrasser la religion chrétienne, il se nommait Samuel Chrasonowski, il était fort redouté des Mahométans. Le visir lui fit écrire par Makowiski, son captif, « qu'il ne s'obtinât pas témérairement à défendre une place qui serait infailliblement prise; qu'il pensât plutôt à mériter la clémence du vainqueur qu'à irriter sa colère ; qu'en se soumettant à un destin inévitable, il serait traité favorablement, lui, la garnison et la bourgeoisie ; que, malgré les ordres sévères de Mahomet, il pouvait faire grâce à qui il voulait, et surtout distinguer les gens de cœur. »

Chrazonowski fit une double réponse ; l'une à Makowiski, en ces termes :

« Je ne suis pas surpris qu'étant dans les fers, tu aies l'âme d'un esclave : mais ce qui m'étonne, c'est que tu oses me parler de la clémence du visir, après les malheurs de Podahyec et les tiens. Adieu : tout le mal que je te souhaite, que tu vives long-temps dans l'infamie et les fers que tu mérites. La mort, que tu ne sais pas te donner, serait une grâce pour toi. »

La réponse au visir n'était pas moins fière :

« Tu te trompes, si tu crois trouver ici de l'or : il n'y a que du fer et des soldats en petit nombre. Mais notre courage est grand. Ne te flatte pas que nous nous rendions : il faut que tu nous prennes, lorsque le dernier de nous expirera. Je te prépare une autre réponse par la bouche du canon. »

Le visir, écumant de rage, fit battre la place à outrance. S'il manquait de conduite, il ne manquait pas de bravoure. On le voyait souvent dans les tranchées, malgré le feu des remparts, pour presser les janissaires. La place se défendait au-delà de ce qu'on en pouvait attendre. La femme du commandant elle-même versait le sang des Turcs en des sorties qu'elle conduisait, comblait leurs travaux et combattait sur la brêche.

Cependant l'armée de Lithuanie joignait les Polonais au camp de Léopol. Le roi marchait ; et, prenant, en passant, le petit corps de Jablonowski, il se trouvait fort de trente-trois mille hommes ; mais ce secours dont Trembowla n'avait aucune nouvelle ne produisit rien sur les esprits de la noblesse effrayée, qui, au lieu de continuer à combattre comme elle avait fait, communiqua sa frayeur aux officiers de la garnison. Accoutumée à partager le pouvoir souverain dans les diètes, elle se regarda, dans cette extrémité, comme représentant la patrie. Elle s'arrogea donc le pouvoir de disposer du fort de Trembowla.

L'héroïne, qui se défendait si bien, écoutait les délibérations sans être aperçue. On parlait décidément de se rendre. Elle vole à son mari sur la brêche ; elle l'instruit au milieu du feu. Ce brave homme accourt à ce conseil de lâches :

— Il n'est pas certain, leur dit-il, que l'ennemi nous prenne ; mais il l'est que je vais vous brûler dans cette salle même, si vous persistez dans votre lâche dessein. Des soldats sont aux portes la mêche allumée pour exécuter mes ordres.

La vue d'une mort inévitable leur remit les armes à la main ; et ils tâchèrent d'effacer leur honte.

Le visir n'ignorait pas la marche de Jean, et il précipitait les attaques. La place avait déjà soutenu quatre assauts, Chrasonowski lui-même tremblait pour le cinquième. Sa femme prit cette juste inquiétude pour une faiblesse de mauvaise augure. Une femme qui a franchi une fois la timidité de son sexe, devient plus qu'homme. Cette romaine du nord, armée de deux poignards, dit à son mari :

« En voilà un que je te destine, si tu te rends ; l'autre est pour moi. »

Ce fut dans ce moment de détresse que l'armée polonaise arriva. Le visir, ne croyant pas que le roi y fût en personne, se déterminait à combattre. Un espion polonais, qui fut pris, le désabusa. Il portait une lettre au roi ; et déjà des signaux l'annonçaient aux assiégés qui recueillaient le reste de leurs forces, avec de grands cris de joie. Le visir leva le siége, n'osant commettre sa fortune avec celle de Jean. L'évènement l'y força, parce qu'il prit son parti trop tard. Il repassait l'Ianow ; la moitié de son armée était encore en deçà de la rivière. Jean chargea en criant aux premiers escadrons qu'il ne leur demandait que ce qu'il allait faire lui-même. Le combat fut long, et les Turcs montrèrent qu'avec un chef digne d'eux, ils auraient pu prétendre à la victoire. Ils perdirent sept à huit mille hommes, et se retirèrent sous le canon de Kaminiek.

Les garnisons des places qu'ils avaient prises n'attendirent pas la vengeance des Polonais ; elles se retirèrent pour aller rejoindre leur armée. Trembowla, délivré, rendit grâces à la fermeté de Chrasonowski. Il fut élevé aux honneurs militaires. Sa femme se contenta des applaudissements de la nation ; et le soldat reçut de l'argent d'une république pauvre. Telle fut toujours la pratique des vainqueurs du monde pour le soldat, de l'argent ou des terres.

Kara-Mustapha avait appris que le grand nombre, la cruauté, la présomption ne suffisent pas pour vaincre. Il s'arrêta quelques temps sous Kaminick, et reprit le chemin du Danube. Il avait fait de grands maux à la Pologne par le pillage, la dévastation, la démolition des villes et des forts, et par le grand nombre d'esclaves qu'il emmenait. Mais tous ces maux n'étaient rien en comparaison de ceux que le visir aurait pu faire.

Sobieski, voyant la saison avancée, se contenta de brûler les villages, les hameaux et les bateaux qui servaient à l'approvisionnement de la ville. Il lui ôta encore la ressource des hommes et des bêtes, en les transportant sur les terres de la république. Par cette conduite il préparait le recouvrement de Kaminiek, assez glorieux d'ailleurs d'avoir triomphé de tant d'ennemis, avec une telle inégalité de forces.

L'armée prit ses quartiers d'hiver, et Jean vint se reposer à Zolkiew, ville du palatinat de Russie, à trois lieues de Léopol.

Cependant Varsovie était impatiente de revoir son roi. Les dix-huit mois qui s'était écoulés depuis l'élection, il les avaient employés dans des travaux à mériter de plus en plus la couronne ; et la couronne n'était pas encore sur sa tête. Il se rendit donc aux vœux de sa capitale, où, avant le couronnement, il reçut un honneur qui n'arrive qu'aux princes dont le nom étonne la terre. Une puissance éloignée, qui n'avait rien à démêler avec la Pologne, la Perse lui envoya un ambassadeur. Le sénat se flatta d'abord qu'il venait proposer une ligue contre Mahomet : l'illusion fut courte. L'unique objet de cette magnifique ambassade, c'était de féliciter Jean sur ses victoires, et de lui demander son amitié.

Après cette représentation, la république ne s'occupa plus que du couronnement. Il fut fixé au 2 février; et Cracovie fut le lieu de la scène.

On y vit la magnificence asiatique se mêler au goût de l'Europe : des esclaves éthiopiens, des orientaux en vêtements de couleur du ciel, de jeunes polonais en robe de pourpre, une armée qui ne voulait que briller; les voitures, les hommes et les chevaux disputant de richesses, l'or effacé par les pierreries. Ce fut au milieu de ce cortége que Jean parut sur un cheval de Perse, marchant à une couronne que ses vertus lui avaient acquise.

Le roi et la reine furent couronnés par le primat; et l'on frappa des médailles où l'on voyait une épée nue passée dans plusieurs couronnes de lauriers, et à la pointe la couronne royale, avec cette légende, *per has ad istam*, c'est par celles-là qu'il est arrivé à celle-ci. Jean avait rempli tout le sens de la légende. Les acclamations redoublèrent lorsque, suivi du sénat et des grands officiers, tous à cheval, il se rendit à la place publique. Là, sûr un théâtre élevé, couvert des plus riches tapis de l'Orient, il reçut le serment de fidélité des magistrats de Cracovie, dont il anoblit quelques-uns. C'est la seule occasion où un roi de Pologne puisse faire des nobles. La noblesse ne doit se donner que dans une diète, après dix ans au moins de service militaire.

Avant le règne de Jean, la maison militaire des rois de Pologne consistait en six cents gardes-du-corps, six compagnies de cavalerie légère de cent chevaux chacune et un régiment d'infanterie de douze cents hommes. Jean y ajouta une compagnie de cent Suisses, comme en France, cinq cents janissaires, que ses victoires lui avaient donnés et deux cents Heiduques. Ces Heiduques se présentent dans le monde sous différentes formes; en Hongrie, ils combattent dans l'infanterie; en Allemagne et ailleurs, selon la fantaisie, ils font cortége derrière les carrosses des seigneurs; en Bulgarie, près du mont Hœmus et dans d'autres passages, ce sont des brigands qui détroussent les passants. La république laissa faire Jean sur le nombre de sa garde, parce qu'elle n'entrait point dans cette dépense.

La solennité du couronnement étant finie, la diète s'ouvrit. La république commença par remercier son roi de tout ce qu'il avait fait pour elle depuis son élection, en le suppliant de ménager sa vie dans les combats. Des sénateurs et des nonces, en grand nombre, lui firent une autre prière. Eblouis par ses grandes qualités, ils le pressèrent de réunir à la couronne la charge de grand-général, à laquelle il n'avait pas nommé, quoiqu'elle fût vacante depuis son élection au trône. Mais Jean disposa de cette importante place en faveur de Démétrius Wiefnoweski, petit-général de Pologne, qui était du sang du dernier roi, et avait eu de grands démêlés avec Sobieski, grand-général. Sobieski, roi, les oubliait; et, dans cet oubli, il montrait son amour pour la paix civile.

Cependant Mahomet frémissait, sur son trône, contre une petite république, qui depuis quatre ans osait lutter avec lui.

Cent vint mille Turcs et quatre-vingt mille Tartares prirent les armes pour venger l'honneur du croissant. Ils étaient commandés par Ibrahim Shaïtan, d'une valeur froide et d'une grande expérience. L'armée ottomane fut long-temps à remplir les vides que les pertes précédentes avaient laissés. Elle ne s'approcha du Dniester que vers la fin d'août, au dessous de Choczin, où les tartares la joignirent.

La Pologne, malgré les victoires de Jean, se retrouvait encore sur le penchant de sa ruine. Elle assemblait trente-huit mille combattants dans la plaine de Glinian, près de Léopol. C'est avec ce petit nombre que Jean marcha contre deux cent mille hommes.

Ibrahim, afin de lui donner le change, jeta des ponts sur le Dniester, s'imaginant qu'il viendrait en disputer le passage; et alors il pensait, en se portant plus haut, pénétrer dans la Pokucie et couper l'armée polonaise. Jean ne se flattait pas de l'empêcher de passer le fleuve : une armée aussi nombreuse le pouvait, lorsqu'elle le voudrait, en se divisant. Mais, avant de prendre un parti, il voulut s'assurer de celui d'Ibrahim, en restant dans son camp. Ibrahim, après avoir perdu plusieurs jours à l'attendre, rompit ses ponts, traversa la Bucovine, pour gagner Pokucie.

Jean, commençant à entrevoir la pensée de son ennemi, conçut un dessein dont l'exécution parut impossible à tous ses généraux, ce fut de porter et de fixer le théâtre de la guerre aux extrémités de la république, pour en sauver le corps. Il décampa; Viecnowiecki commandait le centre; Jablonowski, la droite; Paç, la ganche. Celui ci paraissait enfin sentir tous les ménagements que le roi avait eus pour lui; et les Lithuaniens n'avait qu'une même volonté avec les Polonais. On devait encore recevoir des recrues lithuaniennes et polonaises, que Radsiwil et Potoski étaient chargés d'amener. Jean mit beaucoup de célérité dans sa marche; et il passa le Dniester, au grand étonnement d'Ibrahim, qui en était encore à quelques lieues.

Zurawno, bourgade sans nom, prit une célébrité qui se conservera dans tous les temps. Cette Picoque de Pokucie, au confluent de la Sévits et du Dniester, n'était fermée que d'un rempart de terre, sans autre défense. La maison du seigneur (c'était alors un sapieha) était couverte d'un second rempart semblable au premier, avec quatre petites plates-formes où l'on mettait quelques pièces de canon pour la défendre des incursions des Tartares. A côté de la ville, en remontant le Dnestier, est une plaine qui s'éloigne du fleuve à une demi-lieue, pour faire place à un grand bois de haute futaie terminé par un marais profond. De ce marais sort un gros ruisseau qui, après avoir traversé la plaine entre deux bords très-élevés, se jettent dans les fossés de la ville, pour se perdre dans le Dniester. Ce fleuve, sur sa rive opposée, présente une chaîne de montagnes de plusieurs lieues au-dessus et au-dessous de Zurawno.

L'armée chrétienne s'étendit dans la plaine, entre la ville et le marais ; sa gauche appuyait à la ville et à la Scévits, torrent qui après avoir tout entraîné la veille, est guéable partout le lendemain. Elle avait le marais à sa droite, le bois et la Dniester à dos. Il était question de fortifier le front : le temps manquait, les infidèles pouvant paraître d'un moment à l'autre. Jean, pour établir les travaux de l'infanterie, passa la Scévits, chercha l'ennemi, tomba sur l'avant-garde, qu'il renversa sur le centre. Mais, au moment d'être enveloppé par cette multitude qui couvrait la plaine à plusieurs lieues, il fit sa retraite en bon ordre, repassa la rivière et arrêta les infidèles un jour entier, temps précieux pour les travaux de retranchements qu'il trouva faibles. L'art militaire, dans toute son étendue, lui était connu. Des redoutes et des fortins détachés, tracés sous ses yeux, formèrent une double défense. Ce fut là où il enferma la dernière ressource et le destin de la Pologne, résolu de périr avec elle, ou de la conserver dans sa gloire. Les officiers les plus intrépides n'étaient pas sans crainte, car le courage ne suffit pas où les forces manquent. « Ne vous ai-je pas sauvés, leur disait-il, au camp de Podhayeç, où nous n'étions que vingt-quatre mille, assiégés par cent mille? La couronne aurait-elle affaibli ma tête? On espéra contre toute raison d'espérer.

Ibrahim, étonné de tant d'audace, s'en réjouissait. Il étendit son armée en forme d'arc, dont le Dniester faisait la corde ; et dans cet espace, il enferma le marais, le bois, l'armée polonaise, la ville et le gros ruisseau qui séparait les deux camps. Ce n'est pas tout : Nuradin sultan, détachant une armée de l'armée turque, passa le fleuve et occupa la chaîne des montagnes qui le borde. Toute communication fut coupée : plus de convois, plus de secours à espérer pour les Polonais. Quand on se représente trente-huit-mille hommes, ainsi bloqués par deux cent mille, on croit voir trente-huit mille victimes destinées au glaive, et leur patrie aux chaînes. Et si l'estime se mesure par les difficultés vaincus, quels devaient être ces hommes, et quel était leur roi?

On était au 21 septembre. Le 27 parut décisif. Ibrahim se mit en bataille, faisant porter devant lui de grands amas de fascines pour combler le ruisseau qui séparait les deux camps. Jean, au lieu de l'attendre derrière ses lignes, se présenta dans les espaces des fortins détachés. Cette manœuvre hardie arrêta les infidèles au-delà du ruisseau. Le 29, ils marquèrent plus de résolution. Un corps de Janissaires passa et attaqua les redoutes de la droite. Les dragons polonais les défendirent si bien que l'action générale fut encore suspendue.

Jean employait tout ce que l'art de la guerre a de plus grand et de plus consommé, et avec une contenance si fière, il crut pouvoir, sans honte, demander la paix, sauf à la rejeter si les conditions étaient trop dures. Bidinski et Koricki furent les négociateurs. Ils traitèrent d'abord avec le prince tartare :

— Nous venons demander la paix, lui dirent-ils sous votre médiation. Voici à quelles conditions nous la voulons. Que le Turc nous rende les places qu'il nous a enlevées, Kaminieck surtout, et qu'il cesse de protéger la révolte des Cosaques.

— Il vous sied bien mal, reprit le kan, de prendre un

ton si élevé, tandis que vous êtes sous la foudre. Commencez par payer le tribut que la sublime Porte vous a imposé, en vous accordant la paix lorsqu'elle pouvait vous écraser sous le poids de ses armes; après quoi elle verra quelle place elle peut rendre à ses tributaires.

— Que parlez-vous de tribut, reprit Bidinski, d'un tribut qui nous fut imposé dans un temps que la république se déchirait elle-même sous un roi faible. Celui qui nous gouverne aujourd'hui est un prince fort : c'est le vainqueur de Choczin, vous le savez. La république périra avec lui, avant d'être tributaire de quelque puissance que ce soit. C'est l'amour de la paix, dont vous avez besoin vous-mêmes, qui nous appelle ici. Nous n'apportons ni des lettres, ni des visages de suppliants, mais un courage à l'épreuve de tout; et ce fer nous donnera la paix, si la négociation nous la refuse. » En disant ces derniers mots, il avait tiré son sabre à demi. Ce geste irrita le kan. Bidinski était courageux, mais il était sage?

Le général turc attendait, dans ses pavillons, le résultat de cette conférence. Dès qu'il l'eut appris, il fit savoir au kan qu'il eût à rompre la négociation, et que les Polonais devaient bien plutôt songer à demander pardon de leur victoire de Choczin, révolte dont il allait les punir, qu'à s'en venger.

Les Polonais, n'espérant plus rien, cherchèrent des forces dans la vigilance et la gloire. Le 8 octobre les mit dans un grand danger. Leur droite fut encore attaquée; et, pendant le combat, Nuradin passa le Dniester à la nage, au-dessous de l'embouchure de la Scévits, qu'il traversa également, et vint fondre sur la gauche. Le centre resta toujours immobile, observant les mouvements d'Ibrahim, qui attendait le moment d'une affaire générale. Le moment ne vint pas. Les deux attaques, quoique très vives, furent sans succès. Trois mille infidèles y périrent. Les Tartares repassèrent le fleuve ; et les Turcs le ruisseau.

Ibrahim, sentant toute la difficulté de la victoire, voulut mettre plus d'art dans ses attaques. L'armée qu'il tenait bloquée, il l'assiégea. Des tranchées furent ouvertes comme devant une place ; et sept grands cavaliers élevés avec un travail dont peut-être les Turcs seuls sont capables. On voyait au milieu des travailleurs les pavillons d'Ibrahim, qui les animait à l'ouvrage. La grosse artillerie fut bientôt en batterie : c'était des pièces de quarante-huit livres de balles qui labouraient le camp polonais du matin au soir, emportant les hommes et les chevaux. Le général-major Gébroski fut pleuré. Il lui resta un tombeau militaire à la façon des anciens Romains. Un boulet vint traverser la tente du roi. On le pria de s'éloigner, ou du moins de souffrir une élévation de terre pour le couvrir. Cette précaution qu'il eût peut-être goûtée dans une autre conjoncture, il la refusa dans celle-ci. Quand le danger est extrême, un roi doit le partager avec ses sujets, qui sacrifient plus à sa gloire qu'à la leur. Quelques officiers généraux, qui s'étaient creusé des asiles, reparurent en bonne contenance.

Cependant les tranchées turques se poussaient avec vigueur et s'approchaient des retranchements. Jean ordonna des contre-tranchées, et on vit ici ce qu'on n'avait pas vu, deux armées aller l'une à l'autre par-dessous terre. Une bataille aurait soulagé les Polonais : leur situation devenait extrême. Les fourrages qu'on avait amassés dans le camp était consommés. La forêt adjacente, qui, pour dernière ressource, fournissait aux chevaux des feuilles qu'on mêlait avec un peu de grain, ne montrait presque plus que du bois ; et ce bois, c'est-à-dire les branches les plus tendres, servit encore de nourriture. Les hommes n'étaient pas mieux : du pain donné avec mesure, c'est tout ce qui restait; et le roi vivait comme le soldat. L'artillerie, obligée de répondre à un feu bien supérieur, épuisait ses boulets. La poudre même demandait du ménagement. Celle qu'on amenait de Dantzic s'était arrêtée à Léopol.

Radziwil et Potoski, ces libérateurs qu'on attendait avec tant d'impatience, avaient marché avec dix mille hommes de troupes fraîches; mais nul secours, nul convoi n'avait pu percer. Tout manquait, excepté le courage ; et chaque heure pouvait être fatale.

La reine, convalescente à Varsovie, entreprit de suspendre la destinée du roi et du royaume. Elle assembla les sénateurs dans son palais. Elle leur peignit l'affreux état des choses. Tous opinèrent pour la convocation de la pospolite; et le primat la publia par les universaux : pratique ordinaire en Pologne, lorsque tout est perdu. Au reste, il faut que l'autorité soit une chose bien délicate, car, aussitôt que le roi apprit ce sénatus consulte pour le sauver, il se plaignit amèrement de ce qu'on avait blessé la prérogative royale, qui attribue au roi seul le pouvoir d'assembler la pospolite. Dans le fait, il comptait beaucoup plus sur son courage et celui de ses troupes que sur les efforts tardifs de cette noblesse sans discipline.

Ibrahim, se croyant assuré de vaincre par la famine, et voulant ménager le sang musulman, lui députa deux bachas et vingt-quatre janissaires, qui n'avaient dans leurs mains que de longs bâtons blancs, leurs seules armes quand ils ne vont point au combat. Les députés représentèrent à Jean : « que le séraskier était parfaitement instruit des extrémités du camp; qu'aucun secours n'était possible, qu'un prince sage devait se rendre à la loi de la nécessité ; que le désespoir avait plus perdu d'armées qu'il n'en avait sauvé; que le grand-seigneur n'aspirait point à de nouvelles conquêtes en Pologne; qu'il ne demandait que l'exécution du traité de Boudchaz perfidement rompu ; que la Pologne, tributaire, vivrait désormais tranquille, sous sa haute protection, ainsi que les Tartares, les Cosaques et tant d'autres; et ils jurèrent tous sur leurs barbes et sur leurs moustaches le salut de l'armée polonaise, s'offrant à rester en ôtage jusqu'à ce qu'elle eût passé le Dniester, après la signature d'une paix plus solide que la première. »

Jean répondit que : « si dans le traité on faisait la moindre mention du tribut imposé à son prédécesseur, il ne voulait point de paix, et que, si le séraskier avait ordre d'insister sur ce point, il le priait de lui abandonner, audelà du ruisseau, un terrain suffisant pour ranger ses troupes en bataille; et que pour lors ils décideraient les armes à la main. »

Les députés partirent en lui reprochant tout le sang qui allait couler.

Sobieski fit compter les rations ; il n'y en avait plus que pour quatre jours. Il donna ses ordres à l'entrée de la nuit, pour attaquer, le lendemain au lever de l'aurore. Il a depuis avoué que jamais il n'avait senti d'agitations pareilles à celles de cette nuit. Il se représentait que c'était lui qui avait rejeté la république dans cette guerre;

que c'était lui qui avait tracé le plan de la campagne contre l'avis des généraux ; que toutes ses victoires précédentes étaient inutiles, s'il manquait celle-ci ; qu'il fallait ou être détruit par la faim, ou passer sur le ventre à plus de cent quatre-vingt mille hommes, avec trente et quelques mille ; et qu'enfin, au lieu de continuer à être le héros de son pays, il allait peut-être en devenir le destructeur. Mais lorsqu'il pensait que, pour sauver l'armée, il fallait revenir à l'infame traité de Boudchaz, son âme s'affermissait dans la résolution de tout risquer.

Que celui qui ne connaît pas le pouvoir du courage et les jeux de la fortune apprenne à espérer. Jean fut extrêmement surpris de revoir, avant le point du jour, les deux bachas qui l'avaient harangué la veille. La scène avait changé pendant la nuit par un concours d'évènements inattendus.

Les janissaires, dès le commencement de la campagne, avaient murmuré de ne pas voir le sultan, ou du moins le visir à leur tête. « Ils s'abandonnent aux plaisirs, disaient-ils. tandis que nous souffrons pour eux.

Les Tartares, qui se voyaient retenus aux frontières de la république, au lieu d'aller butiner dans son sein, ne faisaient plus que de faibles efforts. Ils regardaient la Pologne comme leur magasin ; et ils ne souhaitaient pas qu'elle devînt une province turque ; parce qu'alors il aurait fallu la respecter. Jean n'ignorait pas leur disposition ; et, pour diminuer encore leurs faibles efforts, n'ayant presque plus de poudre, il combattait avec de l'or. Il en avait fait passer à leur chef ; et, afin de donner de l'inquiétude à Ibrahim, il avait eu soin de le publier. Le kan n'en convenait pas, mais le soupçon restait.

Pour surcroît d'inquiétudes, Ibrahim venait d'apprendre que les puissances chrétiennes envoyaient des ambassadeurs pour traiter de la paix, ou pour entrer dans la guerre. Déjà ceux de France et d'Angleterre étaient arrivés à Léopol, et demandaient des passeports au général turc pour le camp du roi.

Une autre nouvelle l'embarrassait encore plus. Une armée moscovite était en marche pour déboucher dans l'Ukraine et délivrer la Pologne; c'était le fruit d'une négociation secrète de Jean. Enfin la saison qui s'avançait (on était au 28 octobre, le trente-huitième jour du blocus), les pluies qui tombaient depuis quelque temps, la longue retraite au delà du Danube, les vivres qui pouvaient enfin manquer à une si grande multitude, toutes ces grandes considérations déterminaient Ibrahim à prêter une oreille plus favorable à la paix; et il le faisait savoir à Jean.

Ibrahim avait des pouvoirs fort étendus, avec un ordre précis de terminer cette longue guerre le plus avantageusement qu'il pourrait. Il n'insista plus sur le tribut. Mais il dicta, ou peu s'en fallut, les autres conditions. Il exigea d'abord que la Pologne fît alliance avec les Tartares contre les Moscovites qui marchaient à sa délivrance. Cette demande fut rejetée avec horreur, comme injuste et flétrissante. On fut au moment de reprendre les armes. Ibrahim, après s'être emporté contre la délicatesse d'un ennemi à qui il croyait faire grâce, se calma, et revint à des conditions plus supportables, qui furent acceptées.

Comme la Porte met ordinairement du faste dans ses traités, la Pologne s'obligeait à lui envoyer une grande ambassade, et à faire partir, en attendant, avec Ibrahim même, un envoyé comme précurseur. Ce fut André Modrzewski, échanson de Siradie. Ibrahim demanda, si par sa taille, son air et son port, il était digne de paraître devant le grand seigneur. Il voulut le voir, il en fut content.

Il ne faut pas s'étonner de cette délicatesse turque. Tous les enfants qu'on élevait pour représenter dans les charges publiques étaient bien faits et de bonne mine. Ils ne devaient avoir aucun défaut naturel. Point de cours mieux composées pour l'extérieur. Les Turcs disent qu'il est impossible qu'une vilaine âme habite dans un beau corps.

L'article suivant fut vivement contesté. Le grec Payanotos, qui avait contribué, par une ruse, à la prise de Candie, en 1669, avait obtenu de Cuprogli que l'église grecque-schismatique aurait désormais la garde de tous les lieux saints, malgré l'opposition des religieux du rit latin. Le divan avait décidé que l'église grecque ayant compté Jérusalem dans son district avant le temps des croisades, sa prétention était juste. Jean exigeait que tous les lieux saints fussent remis aux latins orthodoxes : « Que vous importe, disait Ibrahim, pourvu que vous y veniez adorer votre Dieu : nous ne vous en empêchons point; et ces Grecs enfin ne sont-ils pas chrétiens comme vous ? » Il ne voulait pas entendre que ces grecs-schismatiques étaient rejetés de Dieu. Cependant la paix fut signée le 27 octobre.

Ibrahim n'avait point fait ce qu'il pouvait avec tant de forces. Jean était allé bien au delà des siennes. Lorsqu'il passa le Dniester pour arrêter deux grandes armées aux frontières, toute l'Europe l'accusa de témérité, et le crut perdu. Les héros se jugent mieux entre eux. Le grand Condé l'admira et le félicita par lettres.

Mais quand on réfléchit sur la cause d'une guerre si longue, qui est-ce qui osera louer la sévérité? Les Cosaques s'étaient plaints, on ne les écouta pas, ils se révoltérent. On eût pu les ramener par la justice et la bonté. La rigueur jette leurs maîtres dans une guerre de trente-huit ans. Le Turc s'en mêle ; et chaque campagne ouvre le tombeau de la Pologne. La catastrophe arrive; et on déplore également le pouvoir des princes et le malheur des peuples. Quatre campagnes avaient coûté à Mahomet plus de deux cent mille soldats, et des sommes qui auraient suffi pour soulager des millions de malheureux. De tant de dépenses en hommes et en argent, que lui restait-il? Quelques places dans la Polodie et dans l'Ukraine, qu'il n'était pas sûr de conserver longtemps

La Pologne qui, de son côté, avait souffert tant de ravages, d'incendies, de dépopulations et d'horreurs, se crut suffisamment dédommagée en se délivrant du tribut ignominieux que Mahomet lui avait imposé.

Jean, couronné de gloire, parut l'obscursir aux yeux de la fierté républicaine. Elle avait reproché au faible Michel d'avoir accepté l'Ordre de la Toison. On apportait à Jean celui du Saint-Esprit. Il le reçut à Zolkiew, des mains du marquis de Bethune, beau-frère de la reine. « C'était, disait-on, s'humilier sous la France que d'en prendre les livrées: » Indécence d'autant plus grande que la France avait constamment refusé aux rois de Po-

5..

logue le titre de majesté ; et à lui Jean nommément, lorsqu'en 1674 il l'avait fait solliciter par son ambassadeur André-Chrysostôme Zaluski. Ce titre de majesté dont Trajan ne se crut pas digne, et qu'autrefois on ne donnait qu'à Dieu, peu de rois le méritaient plus que Jean Sobieski; et le roi de France qui le lui refusait avait donné le titre de frère à l'usurpateur Cromwel dans ses lettres. La reine savait tout cela; mais plus française alors que polonaise, elle avait engagé son époux à donner à la France cette marque de considération, sans consulter la Pologne.

La république en marqua son ressentiment, lorsque, dans l'assemblée des états-généraux, il fut question de ratifier la paix de Zurawno. On n'avait rien à reprocher au roi sur ce traité; mais on voulait le mortifier. La faiblesse des objections marquait assez la disposition des esprits. L'empereur, qui gagnait beaucoup lorsque la Pologne occupait le Turc en s'épuisant, travaillait par ses émissaires et son argent à brouiller encore plus. Jean surmonta tout, et fit partir la grande ambassade qu'Ibrahim avait exigée. Le palatin de Culm était à la tête. Arrivé à Daud Pacha, lieu de plaisance des sultans à un mille de Constantinople, il crut augmenter la dignité de la république en exigeant un honneur qui jamais ne fut accordé, d'être reçu par le visir à la porte même de la ville.

La réponse de Kara-Mustapha, le plus haut des visirs, fut que si l'ambassadeur se trouvait bien à Daud-Pacha, il pouvait y rester jusqu'à nouvel ordre. Il y resta, en effet, rigidement observé; mais quand on parla au visir des provisions qu'il demandait pour un cortége de sept cents Polonais, le visir lui fit dire que, « s'il était venu pour prendre Constantinople, il avait trop peu de monde; et que, si ce n'était que pour représenter, il en avait trop; qu'au reste. il était aussi aisé au grand seigneur de fournir des tables à sept cents Polonais, que d'en nourrir sept mille qui ramaient sur ses galères ».

Il ne fallait qu'un pareil incident pour rejeter les deux nations dans la guerre : tant l'effusion du sang humain coûte peu aux maîtres du monde! Mais le roi de Pologne, instruit du démêlé, et ne croyant pas qu'il fût de la dignité de sa couronne de soutenir les torts de son ambassadeur, lui envoya ordre de faire son entrée, sans s'obstiner à une demande insolite. Il obéit, mais voulant toujours être extraordinaire, il fit mettre à ses chevaux des fers d'argent, qui, ne tenant qu'à deux clous, se perdaient dans la marche. Un ambassadeur de France en fit autant à Rome; tous deux également condamnables : c'est toujours le peuple qui paie ces magnifiques extravagances. On porta un de ces fers au visir, qui dit: « Cet homme a des fers d'argent, mais il a une tête de plomb; puisque, envoyé par une pauvre république, il ne sait pas employer l'argent utilement.

L'ambassadeur fut encore au moment de tout suspendre lorsque deux capuji-bachis, le prenant sous les bras pour le conduire au trône du grand seigneur, l'avertirent de quitter son épée : telle est la loi de la Porte à l'égard de tous les ambassadeurs, et ce fut une nécessité d'y souscrire. Ce qu'il fit de mieux ce fut, en délivrant la ratification de la république, d'exiger deux articles qui furent ajoutés au traité de Zurawno, les voici :

« Nous commandons, dit le sultan, à nos armées des Tartares de Crimée et du Budziac, aux Cosaques et aux

Transylvains de s'abstenir, dès ce jour et pour toujours, d'entrer en Pologne sans nos ordres, et nous leur défendons d'y commettre aucun pillage ou autre hostilité quelconque; et, s'il arrive que, de leur part, il ait été fait brèche à cette paix, ceux qui auront reçu quelques dommages en recevront restitution, sur les preuves qui en seront produites.

» Nous promettons, sur notre parole impériale et notre serment, et protestons devant Dieu, créateur du ciel et de la terre, que nous ne transgresserons aucun de ces articles, et ne les embarrasserons point de difficultés ou équivoques ; mais plutôt que cette paix, accomplie et confirmée, sera durable aussi long-temps que notre glorieux empire, bien entendu que le roi de Pologne, ses palatins et ses généraux n'y apporteront aucun obstacle, et ne feront rien de contraire aux droits de cette paix et amitié, et l'honoreront selon sa juste valeur. Puissent les habitants de Pologne en jouir dans toute son étendue, à l'ombre de notre protection. »

Tout fut enfin consommé. On avait passé six mois à convenir du cérémonial de l'ambassade. On n'avait employé que trois jour sur un champ de bataille à pacifier les deux nations.

Il y avait long-temps que la république ne se soutenait que par le fer. Elle respirait enfin sous les lauriers dont son héros l'avait couronnée ; et les sept années qui vont suivre seront sept années de paix.

Les diètes, en Pologne, sont assez ordinairement orageuses. La diète qui se tint alors fut tranquille. Le roi y donna audience à un ambassadeur tartare, qui venait cimenter l'amitié avec la république, et reçut aussi l'hommage du duché de Courlande par son envoyé; mais à condition qu'à l'avenir le duc le rendrait en personne. La diète marqua son contentement de la paix de Zurawno avec le Turc, en donnant mille bénédictions au libérateur de la Patrie; et tous les ordres n'eurent qu'une même volonté avec lui.

Il passa ensuite six mois à Dantzick, pour y rétablir la paix qu'avait troublée la désunion des magistrats et du peuple. C'est pendant son séjour dans cette ville que la reine lui donna un second fils, le prince Alexandre. On appelait le prince Jacques, qu'il avait eu avant d'être sur le trône, le fils du grand-maréchal; celui-ci fut nommé l'enfant du roi.

Jean, après avoir apaisé les troubles de Dantzick, fit sentir à la Moscovie qu'il était de son intérêt de vivre en paix avec lui. Elle s'était emparée, pendant qu'il combattait avec le Turc, de trois starosties polonaises qui formaient une province. Elle les restitua, avec un dédommagement de deux millions de florins.

Mahomet projetait cependant d'attaquer l'empereur Léopold d'Autriche; mais ce n'était encore qu'un projet, et comme les Turcs font, pour l'ordinaire, des armements immenses, on a le temps d'agir tandis qu'ils préparent. Sobieski le savait, et il savait aussi que Mahomet, se reposant sur le dernier traité avec la Pologne, laissait Kaminiek et la Podolie sans grandes défenses; Kaminiek, que la république regrettait sans cesse, et dont le recouvrement importait tant à la gloire du chef. Sobieski montra, dans la diète de Varsovie, combien les circonstances se montraient favorables pour reprendre cette ville; mais la crainte des Turcs arrêta les délibérations. De toutes les vertus, celle dont le roi se piquait le plus, après le courage, c'était la clémence. Un de ces hommes qui, par la scélératesse et l'atrocité de leur âme, se rendent redoutables aux dieux mêmes de la terre, avait vomi de sa bouche impure mille blasphêmes contre le roi; et comme s'il eût voulu rassurer sa main pour le frapper, il s'était essayé sur un portrait qu'il avait percé d'une balle. Ce monstre sorti des flancs de la noblesse fut interrogé dans la diète de Grodno, et condamné à expier son forfait dans l'horreur des supplices. Les lois avaient porté l'arrêt de mort. Le prince fit grâce : « Je ne la ferais pas, dit-il, s'il avait outragé la patrie. » Le parricide ne perdit que sa liberté; et même ce ne fut que pour un temps. Chacun disait : « Quel est le barbare qui oserait encore offenser un roi qui sait pardonner? » Le coupable ne cessa de le bénir tout le reste de sa vie.

La Pologne comptait déjà cinq années de paix; la sixième se passa dans un calme ténébreux qui annonçait une tempête. L'orage se formait à Constantinople, et on se figurait, à Vienne, qu'il menaçait la Pologne, tandis qu'à Varsovie on était persuadé qu'il tomberait sur Vienne. A tout événement, Léopold et Jean pensèrent à unir leurs forces par un traité défensif et offensif. L'empereur s'obligeait à entretenir une armée de soixante mille hommes en Hongrie; le roi de Pologne quarante mille, pour être employés où il conviendrait. Les deux souverains devaient marcher au secours l'un de l'autre, selon le besoin; et celui des deux qui se trouverait à l'armée aurait le commandement général. Cette dernière convention le livrait tacitement à Jean : Léopold n'était pas guerrier.

Pour l'article des subsides, comme la guerre était instante, et que la Pologne ne pouvait faire de levées d'argent que dans la diète, qu'il n'était pas possible d'assembler sitôt, l'empereur devait lui avancer douze cent mille florins, qui seraient remboursés par le pape; et il se chargeait encore d'engager le roi d'Espagne à obtenir des décimes dans ses Etats d'Italie pour être employées au profit de la république. De plus, les deux puissances combinées promettaient de faire tous leurs efforts pour étendre la ligue dont le pape se déclarait le chef. C'est qu'alors la chrétienté était sérieusement menacée, par les Turcs, d'une invasion formidable. Aussi Innocent XI appelait-il aux armes tous les souverains de l'Europe. Quelques-uns écoutèrent; la plupart furent sourds. Louis XIV fut de ces derniers. Malgré la paix qu'il avait signée à Nimègue, en 1679, avec la Maison d'Autriche, il ne pouvait goûter un traité qui la soutenait; au contraire, il intriguait en Pologne pour en empêcher la consommation; et ses ambassadeurs à la cour ottomane la pressaient de porter la guerre en Allemagne. Ce n'est pas ainsi qu'il pensait en 1664, lorsqu'il envoya six mille Français qui partagèrent le triomphe de la journée de Saint-Gothard, où Montécuculi battit les Turcs. Louis n'avait pas encore juré alors l'abaissement de la Maison d'Autriche.

Un traité fut signé entre Léopold et Sobieski, mais pour que ce dernier pût le mettre à exécution, il fallait l'assentiment des diètes polonaises. Or, il était difficile de l'obtenir, à cause des menées de la France qui voulait détourner la Pologne d'une alliance avec l'Autriche. Cependant il tomba entre les mains de Jean des lettres de l'ambassadeur de France qui compromettaient plusieurs grands de Pologne.

Muni de ces pièces, il en ordonna la lecture en plein sénat. Parmi les sénateurs, les uns montrent cet air d'embarras qui décèle le crime; les autres cette indignation subite qui montre l'innocence. Tous se regardent; et le roi, les fixant tous, leur parle en ces termes :

« J'ignore ce que vous pensez sur ces lettres. Je crois bien qu'un Morstyn et ses semblables se sont laissé corrompre par l'argent; mais je ne saurais me persuader que les Sapieha aient vendu leur foi. Je crois encore moins que Jablonowski ait voulu se frayer un chemin au trône en trahissant sa patrie et son roi. Un ambassadeur qui travaille dans les ténèbres, et qui veut, à quelque prix que ce soit, se rendre agréable à son maître, se flatte aisément dans les complots qu'il forme : il interprète un geste, une parole équivoque en faveur de ses desseins; il va même jusqu'à enfler le nombre des conspirateurs pour se rendre plus important, sauf après, s'il en est besoin, à rejeter son erreur sur l'inconstance humaine. Quant à ce qu'il dit de moi, ce n'est pas une imposture. Il est vrai qu'il a osé me tenter par une profusion d'or, et encore plus par l'appât séducteur d'assurer le trône à mon fils. J'ai méprisé l'or; il m'a été plus difficile de résister à la voix du sang; mais celle de la république a été plus forte; et si un autre Sobieski doit régner sur vous, il ne règnera que par la liberté de vos suffrages. L'ambassadeur nous outrage tous en nous peignant comme une nation vénale, sans foi et sans honnêteté. Ne justifions pas ces odieuses imputations par la rupture d'un traité qui ne s'est pas conclu sans la participation de tous les ordres, et qu'il faudrait négocier s'il n'était pas fait. Le Turc s'arme, vous le savez comme moi. Si Vienne tombe, quelle est la puissance qui garantira Varsovie?

Montrons à la France et à l'Europe que nous avons des lumières, de la bonne foi et de l'honnêteté. »

A ce discours, plusieurs voix s'élevèrent pour approfondir la corruption, démasquer les factieux et les traiter comme tels. Celui qui insistait le plus était Jablonowski. Il se piquait d'une vertu sans tache, et surtout de reconnaissance. Le roi, qui lui devait beaucoup, avait voulu s'acquitter envers lui en saisissant toutes les occasions de l'élever. Après lui avoir donné le bâton de petit-général, il l'avait fait Castellan de Cracovie, et en dernier lieu grand-général. Comme grand-général, il n'aurait pu avoir place au sénat; mais, étant encore castellan de Cracovie, il se trouvait le premier sénateur laïc, et tout ce qu'il disait était d'un grand poids. Jean, qui craignait d'aigrir les plaies de la république en voulant les guérir, et qui voyait qu'on allait perdre en discussions dangereuses un temps si nécessaire à l'action, persuada au sénat de laisser dans les ténèbres ceux qui avaient voulu s'y envelopper, ajoutant qu'ils trouveraient leur châtiment dans la crainte d'être découverts et dans le succès du traité. Il n'excepta de cette espèce d'amnistie que le grand-trésorier Morstyn, qui se trouvait convaincu par sa propre confession; car on lut aussi une de ses lettres où il professait un dévouement total aux intérêts de la France, où il lui promettait de lui ouvrir le cabinet de Varsovie, de troubler les diétines, de renverser les projets du sénat, de semer la défiance dans tous les ordres, d'amener le roi au point d'être obligé de choisir entre la rupture du traité ou l'abdication de la couronne. De quels moyens devait-il se servir? Ils étaient peut-être contenus dans des chiffres dont on n'avait pas la clef. Son jugement fut renvoyé à la diète.

Une mine éventée n'est plus à craindre. Aussitôt que les diétines eurent connaissance de ce qui arrivait, les avis changèrent; personne ne voulut passer pour s'être laissé corrompre. Les nonces vinrent à la diète avec des dispositions favorables. Le premier point qu'on mit en délibération fut le crime de Morstyn. Il y avait longtemps qu'il s'était rendu suspect par son attachement à la France, où il avait acheté des terres qui marquaient une envie d'y fixer sa fortune.

La diète voulait le juger sommairement et à la rigueur comme coupable de haute trahison. Le roi modéra cette chaleur; et l'accusé entreprit de se justifier à la face de la république. Mais ce ne fut que par des traits d'une éloquence vague, par des protestations de sa soumission respectueuse au roi, à qui il recommandait son honneur, sa fortune et sa vie. La diète s'apercevant que le roi inclinait à la douceur, lui remit le jugement du coupable. On exigea de lui la clef des chiffres; on l'obligea à fournir à l'armée une troupe qu'il entretiendrait à ses frais; l'entrée du sénat et des diètes lui fut interdite. Il fut dépouillé de sa charge de grand-trésorier, avec injonction de rendre ses comptes lorsque la république les demanderait dans un temps plus commode.

Morstyn profita sans délai de la planche qui lui restait après le naufrage. Il s'échappa pour chercher un asile en France, où il finit ses jours dans un repos qu'il ne méritait pas. On n'eut ni la clef des chiffres, ni la reddition des comptes. Quand on alla au trésor public, on le trouva fort au dessous de ce qu'on le croyait.

La diète, après le jugement de Morstyn, donna tous ses soins aux moyens de remplir le traité de ligue. L'argent du pape, qu'on venait de recevoir, ne suffisait pas. Le trésor public était pillé; Jean ouvrit le sien; et alors ce qui avait paru impossible devint aisé. Les cœurs étant changés, les esprits jugeaient mieux. Cette révolution était due à la conduite de Jean.

S'étant rendu maître des conseils, il ne s'occupa plus que de l'armée, et il fallait un temps considérable pour l'assembler.

Les forces ottomanes arrivaient de l'Asie et de l'Afrique dans les vastes et fertiles plaines d'Andrinople. Mahomet vint y établir sa cour, afin d'être moins éloigné du théâtre de la guerre, et pour donner plus de mouvement à l'expédition.

Tékéli frayait aux Turcs la route de Vienne. Il avait reçu de Mahomet un turban enrichi de pierreries, un drapeau, un sabre, des habits royaux, avec le titre de roi de la Haute-Hongrie.

Le général des forces ottomanes était ce même grand-visir, Kara-Mustapha, qui s'était mesuré avec le roi Jean à Trembowla et à Léopol. Toujours aimé de la sultane Validé, après avoir gagné aussi le cœur de Mahomet, il avait épousé sa fille. Le sultan ne donne pas à tous les visirs son chatischérif, c'est-à-dire un plein pouvoir; celui-ci en était muni. Jamais l'ambition et l'orgueil, deux passions qui le dévoraient, ne trouvèrent un champ plus vaste : cent quarante mille hommes de troupes régulières, janissaires, spahis et autres; dix-huit mille, tant Valaques, Moldaves que Transylvains, conduits par leurs princes respectifs; quinze mille Hongrois, menés par Tékéli; cinquante mille Tartares, commandés par le kan Sélim-Géraï; et, si l'on compte les volontaires, les préposés aux bagages et aux vivres, les ouvriers en tout genre, les domestiques, en tout plus de trois cent mille hommes, trente-un bachas, cinq souverains; trois cents pièces de canon sous ses ordres; et il marchait à la conquête de l'empire d'Occident.

Mahomet fit la revue de son armée dans les plaines d'Andrinople; et, s'arrêtant dans cette ville, il confia sa gloire à la fortune de son vizir.

Le duc de Lorraine, Charles V, commandait les troupes impériales. C'était ce même prince Charles que nous avons vu disputer la couronne de Pologne à Sobieski, en 1674. Jeune alors, il avait déjà laissé entrevoir l'âme d'un héros. Depuis ce temps-là son nom était cité parmi ceux des grands capitaines, et il était devenu beau-frère de l'empereur en épousant la reine douairière de Pologne, Éléonore d'Autriche. Ces deux grandes maisons, sorties, dit-on, de la même tige, étaient faites pour s'allier l'une à l'autre et finir par n'en faire plus qu'une. Le généralat, qu'on déférait à la capacité de Charles beaucoup plus qu'à son rang, aurait effrayé tout autre que lui; il n'avait que trente-sept mille combattants pour s'opposer à ce torrent d'infidèles qui allait inonder l'empire.

Le vizir s'avance par la rive droite du Danube, passe la Save et la Drave, pousse le duc devant lui, fait mine d'en vouloir à Raab, tandis qu'il détache cinquante mille Tartares sur la route de Vienne. Le duc, s'étant aperçu de la feinte, se dérobe à son tour, essuie un échec à Pétronel, et à peine a-t-il le temps de gagner Vienne, où il jette une partie de son infanterie pour renforcer la garnison, en prenant poste dans l'île de Léopolstat, formée par le Danube au nord de la ville. Les Tartares arrivaient en même temps du côté du midi.

On vit un de ces spectacles qui sont faits pour instruire les souverains et attendrir les peuples, lors même que les souverains n'ont pas mérité leur tendresse : Léopold, le plus puissant empereur depuis Charles-Quint, fuyant de sa capitale avec l'impératrice sa belle-mère, l'impératrice sa femme, les archiducs, les archiduchesses ; une moitié des habitants suivant la cour en désordre. La campagne n'offrait que des fugitifs, des équipages, des chariots chargés de meubles ; ces chariots devinrent la proie des Tartares jusqu'aux portes de Lintz. Lintz, où l'on portait la frayeur, ne parut pas encore un asile assuré; il fallut se sauver à Nassau. On coucha la première nuit dans un bois où l'impératrice apprit qu'on pouvait reposer sur de la paille à côté de la terreur. Dans les horreurs de cette nuit, on apercevait la flamme qui consumait la Basse-Hongrie et s'avançait vers l'Autriche. Les Tartares brûlaient, égorgeaient, emmenaient en esclavage. L'antre le plus profond n'était point une retraite sûre : des chiens, dressés pour chasser les hommes, découvraient les victimes tremblantes ; et Tékéli était en ce moment Tartare.

L'empereur n'avait pu se persuader que Kara-Mustapha, laissant derrière lui plusieurs bonnes places, telles que Raab et Comore, se portât sur Vienne. Jean, mieux instruit, comme le sont toujours les princes qui font la guerre par eux-mêmes, l'en avait inutilement averti.

Vienne était devenue, sous dix empereurs consécutifs de la maison d'Autriche, la capitale de l'empire romain en Occident; mais, bien différente de Rome pour la grandeur en tout genre et pour le nombre des citoyens, elle n'en comptait que cent mille, dont les deux tiers habitaient des faubourgs sans défense. Le grand Soliman avait été le premier des empereurs turcs qu'on eût vu marcher à Vienne, en 1529, après s'être fait couronner roi de Perse dans Bagdad, faisant trembler à la fois l'Europe et l'Asie. Il avait manqué Vienne pour n'oser commettre sa fortune avec celle de Charles-Quint, qui s'avançait avec une armée de quatre-vingt mille hommes. Kara-Mustapha, qui ne voyait qu'une poignée d'ennemis, se flattait d'être plus heureux; et il commença le siége le 7 juillet.

Le corps de la place, baigné par le Danube au septentrion, était fortifié de douze grands bastions dans le reste de son enceinte. Les courtines étaient couvertes de bonnes demi-lunes, sans autres dehors; le fossé, partie plein d'eau, partie sec; la contrescarpe fort négligée. Le côté de la ville que le fleuve baigne n'avait pour défense que de fortes murailles, flanquées de grosses tours, et soutenues par des terrasses. Un cercle de montagnes qui commence au bord méridional du Danube, et s'en éloigne ensuite, renferme une plaine de trois lieues.

Ce fut là que le vizir assit son camp, qui remplissait toute cette étendue; et il eut l'audace de ne le point défendre avec des lignes de circonvallation et de contrevallation. Ce ne fut pas la seule faute qu'il fit dans le cours du siége, par un mépris brutal des chrétiens. Tout abondait dans son camp pour une si grande multitude : argent, munitions de guerre et de bouche de toute espèce. Les différents quartiers offraient des bachas aussi magnifiques que des rois; et cette magnificence était effacée par le faste du vizir, qui nageait dans le luxe.

Cependant, la mollesse du général ne diminuait rien du courage des janissaires ; et l'artillerie turque n'en était pas moins formidable.

Le comte de Staremberg, homme de tête et d'expérience, gouverneur de Vienne, avait mis le feu aux faubourgs. Il avait une garnison dont le fond était de seize mille hommes ; mais, en effet, onze mille au plus. On arma les bourgeois et l'Université. Les écoliers montèrent la garde, et ils eurent un médecin pour major. Staremberg était secondé dans le commandement par un de ces hommes que la science, la vigilance, l'activité destinent à la première place : c'était le comte de Capliers, commissaire-général de l'empereur.

Les approches de la place étaient faciles. La tranchée fut ouverte le 14 juillet dans le faubourg de Saint-Ulric, à cinquante pas de la contrescarpe. L'attaque se dirigeait sur le bastion de la cour et celui de Lebl. Deux jours seulement avancèrent les travaux jusqu'à la contrescarpe où le fossé était sec.

Le duc de Lorraine, qui s'était porté dans l'île de Léopostolat, faisant tous ses efforts pour y conserver une communication avec la ville, se crut obligé de s'en retirer par les ponts qu'il avait jetés sur le Danube et qu'il fit rompre. Les maisons de plaisance dont l'île était semée logèrent les Turcs. On a regardé l'abandon de ce poste comme une grande faute ; si c'en fut une, le duc la répara bien par sa contenance durant tout le siége. Jamais général ne fut dans une position plus désespérée. Ayant jeté une grande partie de son infanterie dans Vienne, Raab et Comore, il ne lui restait pas trente mille hommes pour tenir la campagne. Un petit secours lui arriva. Le chevalier Lubomirski amenait quatre mille chevaux, troupe polonaise; on eût dit que c'était quatre mille victimes de plus pour Tékéli et le vizir.

Quand on se représente le duc de Lorraine chargé de défendre, avec si peu de monde, la Hongrie, la Moravie, la Silésie et la Bohême, allant sans cesse de l'une à l'autre, tantôt se couvrant de rivières, tantôt les passant; continuellement aux prises avec Tékéli et le bacha d'Agria; attendant toujours des secours qui n'arrivèrent que deux mois après; on tremble pour lui; et, s'il ne succombe pas, on peut dire qu'il est digne du titre de général.

Cependant le siége se poussait avec vigueur. Le duc de Lorraine écrivait lettre sur lettre au roi Jean pour hâter sa marche. Quelque diligence qu'il eût faite, son armée ne put être rassemblée que vers le milieu du mois d'août. Le rendez-vous était à Tarnowist, première ville de Silésie, sur les confins de la Pologne. Il avait fait partir les premiers corps arrivés sous la conduite du petit-général Sieniawski, palatin de Volhinie; et, en attendant le gros de l'armée, il séjournait à Cracovie, où il ne perdit pas son temps. La chasse, le jeu, les fêtes ne lui plaisaient que lorsque la république était tranquille. Il examinait les détails qu'il recevait du siége; il étudiait le terrain de Vienne sur une carte topographique; il se représentait la position des Turcs sous tous ses rapports; il arrangeait son ordre de bataille, et il combinait ses marches pour fixer ce grand jour.

Une proposition lui était venue, dans une lettre du duc, d'arriver du côté de Presbourg en remontant sur Vienne. Le roi choisit un autre parti qu'il communiqua au duc, avec les raisons qui le déterminaient. Le conseil assemblé décida pour le roi, qui était à deux cents lieues du terrain. Le duc se désista de sa proposition, en applaudissant au plan du roi. Ce trait fait honneur à tous deux.

Le prince Jacques, âgé de seize ans, avait suivi son auguste père à Cracovie; et il sollicitait la permission d'essayer des travaux de la guerre. Le roi lui accorda sa demande: en voulant trop ménager les princes, on les perd.

La reine resta à Cracovie, où le roi établit un conseil auquel il remit toute son autorité pendant son absence. Ce conseil avait pour chef le castellan même de Cracovie, l'illustre Potoski, en qualité de premier sénateur laïc.

L'ambassadeur de France voyait à regret toutes ces dispositions pour le départ du roi, et cherchait encore à douter. Le roi, en montant à cheval, lui dit: « A présent, M. l'ambassadeur, vous pouvez marquer à votre maîtr que je pars. « Il se rendit à Tarnowist, où il fit la revue de son armée; elle n'était que de vingt-cinq mille hommes.

La situation critique des circonstances détermina Jean à un parti qui mettait sa personne en danger. Laissant son armée sous la conduite du grand-général Jablonowski, il résolut de la devancer, et même de combattre sans elle si le salut de Vienne l'exigeait. Pour pénétrer, il n'avait point d'autre route à prendre que de traverser la Silésie, la Moravie et la partie de l'Autriche qui est baignée par le Danube au septentrion: trois provinces infestées de Hongrois, de Turcs et de Tartares, que le duc de Lorraine, avec toute sa capacité et son courage, désespérait de contenir plus long-temps. Jean, dans cette marche, n'avait que deux mille chevaux.

Pendant cette route de cent lieues, il n'entra que dans deux villes, campant toujours avec sa troupe. Il ne voyait partout que ravages, meurtres et incendies, présages de ce qu'il pouvait attendre pour lui-même. Loin de marquer de la crainte, il rassurait tout le pays consterné. Les paysans, qui n'avaient semé que pour ne pas moissonner, et qui regrettaient le sort de leurs parents égorgés, accouraient de tous les hameaux pour voir leur libérateur, se regardaient déjà comme délivrés.

Jean arriva enfin au Danube. Le passage était impraticable par les ponts de Vienne, en présence de l'ennem Il se rendit à Tuln, petite ville sur la rive droite du fleuve, à cinq lieues au-dessus de Vienne. N'y voyant, au lieu des troupes allemandes dont Léopold lui annonçait l'arrivée, que la petite armée du duc de Lorraine, et deux bataillons qui gardaient la tête du pont, il s'emporta : « L'empereur me prend-il pour un aventurier? je quitte mon armée, parce qu'il m'assure que la sienne n'attend que moi. Est-ce pour moi ou pour lui que je viens combattre? » Le duc, aussi sage que courageux, l'apaisa.

L'armée polonaise, laissée à une si grande distance, arriva la première. La promptitude de cette marche fit beaucoup d'honneur au grand général Jablonowski. Ce fut le 5 septembre qu'il parut. Les généraux allemands, précédant leurs troupes, s'étaient rendus auprès du roi. Ils lui marquèrent de l'inquiétude sur la grande journée qui s'approchait. « Pensez, leur dit-il, au général que vous avez à combattre, et non à la multitude qu'il commande. Qui de vous, à la tête de deux cents mille combattants aurait souffert la construction de ce pont à cinq lieues de son camp? Cet homme est sans capacité. »

Déjà l'armée polonaise passait le pont. La cavalerie se faisait admirer par les chevaux, l'habillement et la bonne mine. On eût dit qu'elle était équipée aux dépens de l'infanterie. Il y avait entre autres un bataillon fort mal vêtu. Le prince Lubomirski conseillait au roi, pour l'honneur de la nation, de le faire passer de nuit. Le roi en jugea autrement, et lorsque cette troupe fut sur le pont : « Regardez la bien, dit-il aux spectateurs : c'est une troupe invincible qui a fait serment de ne jamais porter que les habits de l'ennemi. Dans la dernière guerre ils étaient tous vêtus à la turque. » Si ces paroles ne les habillaient pas, elles les cuirassaient.

Les Polonais, au sortir du pont, s'étendirent sur la droite, exposés pendant vingt-quatre heures à être taillés en pièces, si Kara-Mustapha eût su profiter de ses avantages. Enfin les troupes allemandes arrivèrent, et tout fut rassemblé le 7. On voyait le duc de Lorraine avec cette cavalerie autrichienne qui avait déjà tant versé de sang; ce prince avait fait le personnage de Léonidas aux Thermopyles; plus heureux que lui, puisqu'il vivait pour combattre encore.

L'électeur de Bavière, Maximilien-Emmanuel, à l'âge de dix-huit ans, entrait dans le champ de la gloire. Il amenait douze mille hommes de belles troupes. Sa cavalerie était supérieurement montée.

L'électeur de Saxe, Jean-Georges III, après s'être signalé dans plusieurs guerres pour la maison d'Autriche, venait encore avec dix mille hommes épouser sa querelle.

Le prince de Valdeck conduisait les troupes des cercles.

Toute l'armée chrétienne composait environ soixante et quatorze mille hommes. On y comptait quatre souverains et vingt-six princes de maisons souveraines.

Cependant on entendait du camp de Tuln le bruit effroyable des batteries turques. Vienne était aux abois. Quantité d'officiers du premier mérite avaient perdu la vie. Une maladie aussi meurtrière que le fer, la dyssenterie enlevait jusqu'à soixante personnes par jour. On ne comptait plus que trois ou quatre officiers par bataillon, la plus part blessés; presque tous les chefs avaient disparu. Le soldat, miné par la fatigue et la mauvaise nourriture, se traînait aux brèches; et celui que le feu de l'ennemi ne consumait pas, expirait de langueur. Le peuple, qui, au commencement, se livrait aux travaux du siége, ne connaissait plus d'autre défense que la prière : il remplissait les églises, où la bombe et le boulet venaient porter la frayeur.

Dès le 22 août, Capliers, qui pesait si bien les forces, jugeait qu'on ne pouvait plus tenir que trois jours, si les ennemis livraient un assaut géneral. Depuis cette époque, une ruine se précipitait sur l'autre. Des brèches de dix et vingt toises ouvraient les deux bastions et la courtine; les soldats servaient de murailles. Une mine s'avançait sous le palais de l'empereur, déjà écrasé de bombes et voisin du bastion de la cour. D'autres serpentaient çà et là. L'artillerie ne pouvait plus répondre. La plupart des canons étaient rompus ou démontés.

Le duc de Lorraine venait de recevoir une lettre de Staremberg, cet homme ferme et courageux, qui, au commencement du siége, avait écrit : « Je ne rendrai la place qu'avec la dernière goutte de mon sang. » A peine, en ce moment, conservait-il un rayon d'espérance. Sa lettre ne portait que ces mots : « Plus de temps à perdre, Monseigneur, plus de temps à perdre. »

On ne conçoit pas la stupide inaction de Kara-Mustapha. Il est certain que, si dans ce moment il eût livré un assaut général, c'en était fait de Vienne. L'avarice éteignit la foudre dans sa main. Il s'était figuré que la résidence des empereurs d'Allemagne devait renfermer des trésors immenses; et il craignait que le pillage, inévitable dans une ville prise d'assaut, ne le privât de ces trésors imaginaires. Il aimait mieux attendre que la place se rendît, événement dont il se flattait à chaque minute. La présomption se joignit à l'avarice pour l'aveugler. Il plaisantait sur la faiblesse de l'armée chrétienne, qu'il croyait encore plus faible qu'elle n'était; et il ne lui supposait pas assez de hardiesse pour venir l'attaquer. Il était si mal instruit, qu'il ignorait encore que le roi Jean eût marché en personne. De tous les princes ligués, c'était celui qu'il redoutait le plus. On va voir s'il avait raison.

Jean, prêt à marcher, délivra l'ordre de bataille écrit de sa propre main.

On n'avait que cinq lieues à faire pour arriver aux Turcs, dont on était séparé par une chaîne de montagnes. Deux routes se présentaient : l'une par la partie la plus élevée; l'autre par le côté, où les sommets, s'abaissant, devenaient plus praticables. Le conseil de guerre assemblé fut pour la dernière. Le roi décida pour la première, qui était beaucoup plus courte, et personne ne murmura, parce qu'il fit sentir que le salut de Vienne dépendait d'un moment, et qu'il était des cas où il fallait préférer l'activité à la prudence.

Le 9 septembre, toutes les troupes s'ébranlèrent. Les Allemands, après plusieurs tentatives pour monter leur canon, désespérèrent et le laissèrent dans la plaine. Les Polonais furent plus entreprenants. Le palatin de Kiovie, Konski, grand-maître de l'artillerie, en fit passer vingt-huit pièces, et ce furent les seules qui tirèrent le jour de la bataille.

Cette marche, toute hérissée de difficultés, dura trois jours. Il y en avait deux que l'armée polonaise n'avait vu son roi : elle le demandait avec la dernière inquiétude. Il était parmi les troupes de l'empire pour les encourager.

Le sommet du Calemberg découvrit aux chrétiens, une heure avant la nuit, un des plus beaux et des plus terribles spectacles de la puissance humaine; une vaste plaine et les îles du Danube couvertes de pavillons, dont la magnificence ressemblait plus tôt à un camp de plaisir qu'à un lieu de guerre; une multitude innombrable de chevaux, de chameaux et de bufles; deux cent mille combattants en mouvement; des essaims de Tartares qui côtoyaient le pied de la montagne dans leur confusion ordinaire; le feu terrible des assiégeants, et celui des assiégés tel qu'il pouvait être; une grande ville qu'on ne distinguait plus qu'à la pointe des clochers, au feu et à la fumée qui la couvraient.

Des signaux avertirent incontinent les assiégés du secours qui leur arrivait. Il faut avoir souffert toutes les extrémités d'un long siége, et se voir destiné avec sa femme et ses enfants au glaive du vainqueur, ou à l'esclavage dans une terre infidèle, pour sentir toute la joie que la ville éprouva; mais la crainte reparaissait aussitôt. Kara-Mustapha, avec tant de forces, pouvait encore prétendre à un succès qu'il ne méritait pas. Jean, qui examinait ses dispositions, dit aux généraux allemands : « Cet homme est mal campé, c'est un ignorant, nous le battrons.

Le canon préluda de part et d'autre à la grande scène du lendemain. C'était le 12 septembre, moment où il fallait décider si Vienne, sous Mahomet IV, aurait le sort de Constantinople sous Mahomet II, et si l'empire d'Occident irait se réunir à l'empire d'Orient; peut être encore si l'Europe resterait chrétienne.

Deux heures avant l'aurore, le roi, le duc de Lorraine et plusieurs généraux se disposèrent au combat par des actes de piété. Ils entendirent la messe et communièrent. Cependant les Turcs criaient au Dieu unique et solitaire d'Abraham : Allah! Allah! Ces cris redoublèrent au lever du soleil, lorsque l'armée chrétienne descendit à pas lent et égal, pressant les rangs, roulant du canon devant elle, faisant halte au bout de trente ou quarante pas, pour tirer et recharger. Ce front s'élargissait et prenait de la profondeur, à mesure que l'espace augmentait : vaste amphithéâtre où les Turcs, dans le plus grand mouvement, considéraient leurs ennemis. Ce fut alors que le kan des Tartares fit observer au visir les lances ornées de banderolles dans la gendarmerie polonaise, en lui disant : « Le roi est à la tête. » Cette parole le remplit d'inquiétude.

Sur-le-champ, après avoir donné ordre aux Tartares

de mettre à mort tous leurs captifs, au nombre de trente mille, boucherie digne d'un tel chef, il fait marcher à la montagne, et en même temps il ordonne l'assaut général de la place. Ce dernier ordre n'était plus de saison. Les assiégés avaient repris courage; et les janissaires, irrités, l'avaient perdu.

Cependant les chrétiens continuaient à descendre, et les Turcs montaient. L'action s'engagea. La première ligne des chrétiens, toute infanterie, chargea avec tant d'impétuosité, qu'elle fit place à une ligne de cavalerie qui prit poste dans les intervalles des bataillons. Le roi, les princes et les généraux, gagnant la tête, combattaient tantôt avec la cavalerie, tantôt avec l'infanterie. Les deux autres lignes pressaient les premières. Konski, aussi savant dans l'art militaire qu'intrépide dans l'action, dirigeait l'artillerie, qui tirait à cartouche et de fort près.

Le champ de ce premier choc, entre la plaine et la montagne, était coupé de vignes, de hauteurs et de petits vallons. L'ennemi, ayant laissé son canon à l'entrée des vignes, souffrait beaucoup de celui des chrétiens. Les combattants, répandus sur ce terrain inégal se le disputèrent avec acharnement jusque vers midi. Le comte de Maligni, frère de la reine de Pologne, venait de s'établir sur une hauteur qui prenait les Turcs en flanc; ceux-ci, chassés de collines en collines, se retirèrent dans la plaine en bordant leur camp.

L'armée chrétienne, l'aile gauche surtout, s'emportant et criant victoire, voulut les pousser sans relâche. Cette ardeur était belle, mais le roi la jugea dangereuse. La cavalerie allemande, montée pesamment, se serait bientôt mise hors d'haleine dans l'espace qu'il fallait par courir. Une autre raison plus forte encore, c'est que tous les corps ayant combattu, tantôt sur des hauteurs, tantôt dans des fonds, avaient doublé nécessairement les uns sur les autres et dérangé l'ordre de bataille. On donna quelque temps à le rétablir, et la plaine devint le théâtre d'un triomphe que la postérité aura toujours peine à croire. Soixante et dix mille hommes allaient se heurter contre deux cent mille. Dans l'armée turque, le bacha de Diarbékir commandait l'aile droite, celui de Bude la gauche, le vizir était au centre, ayant à ses côtés l'aga des janissaires et le général des spahis.

Les deux armées restèrent immobiles quelque temps; les chrétiens dans le silence, les Turcs et les Tartares redoublant leurs cris au son des clairons. Dans ce moment terrible un pavillon rouge s'éleva au milieu des infidèles; et, à côté, le grand étendard de Mahomet, consacré par la foi musulmane.

Jean ordonna la charge. La cavalerie polonaise, le sabre à la main, pousse droit au vizir, dont la position était marquée par l'étendard. Elle enfonce les premiers rangs; elle perce jusqu'aux nombreux escadrons qui environnent le vizir. Ce corps de spahis dispute la victoire. Mais bientôt le kan ne voit plus de salut que dans la fuite. Les spahis en sont à leurs derniers efforts. La cavalerie polonaise les ouvre, les renverse. Le grand étendard disparaît. Le vizir tourne le dos et répand la crainte en fuyant. Le découragement s'étend du centre vers les ailes, que tous les corps de l'armée chrétienne pressent à la fois; Jablonowski la gauche, les électeurs la droite, pendant que le duc de Lorraine tombe sur le centre; le roi animant tout par l'action et le commandement. Sans la nuit qui vient couvrir les combattants , c'eût été une déroute totale ; ce n'est qu'une retraite précipitée.

Jean tourne rapidement contre les janissaires qui sont restés dans les travaux du siége. On ne les trouve plus , et Vienne est libre. Le soldat victorieux veut se jeter dans le camp des vaincus, ou tant de richesses abandonnées l'appellent , tentation dangereuse pour le moment. Les vaincus, à la faveur de l'obscurité , pouvaient revenir sur leurs pas, et tailler en pièces une armée que le pillage aurait laissée sans défense. Un ordre sous peine de la vie, la retint toute la nuit sous les armes. Jean aurait peut-être mieux employé le temps à poursuivre l'ennemi, comme le voulait le duc de Lorraine; mais les grands hommes font des fautes parce qu'ils sont hommes ; et ceux qui ont voulu le justifier, disent que les Polonais, après une si longue marche, étaient accablés de fatigues; leurs bagages, d'ailleurs, ne pouvait arriver de trois jours.

Sur les six heures du matin, le camp ennemi fut ouvert au soldat, dont l'avidité fut d'abord suspendue par un spectacle terrible. On vit les mères égorgées çà et là, quelques-unes ayant encore leurs enfants attachés à leur sein. C'étaient des épouses que les Turcs avaient mieux aimé sacrifier que de les abandonner aux chrétiens. Ils avaient épargné les enfants. On en recueillit cinq ou six cents que le bon évêque de Newstatd, celui à qui Vienne devait déjà beaucoup, fit nourrir et élever dans la religion des vainqueurs.

Quand on entra dans les tentes du visir, un autre objet de douleur et de joie fit oublier le pillage pour le moment. C'était l'envoyé de Pologne chargé de fers. Le visir lui avait dit plus d'une fois : « Si ton maître marche, je te ferai trancher la tête. » Heureusement le visir n'en fut instruit qu'au moment de la bataille, et il avait trop d'affaires pour penser à tenir sa parole. Mais l'infortuné Troski avait vu pendant deux mois le sabre levé sur lui.

Le lendemain d'une victoire est un beau jour. Staremberg vint saluer le libérateur de Vienne. Le héros crut pouvoir y triompher sans blesser l'empereur. Il y entra par des ruines, au milieu des acclamations. Son cheval avait peine à percer une foule qui se prosternait, qui voulait baiser ses pieds, qui l'appelait son père, son sauveur, le plus grand des princes. Le plaisir de délivrer des malheureux et leur reconnaissance attendrirent Jean jusqu'aux larmes. Il avoua que le trône n'avait rien d'aussi flatteur. Les cris de joie le conduisaient jusqu'à la cathédrale, où il voulait remercier le Dieu des batailles. Il aperçut sur ce temple un monument d'ignominie que le grand soliman y avait fait placer, c'était le Croissant. Il le fit abattre et fouler aux pieds par le peuple. Il entonna lui-même le *Te Deum* qui fut chanté. Dans cette cérémonie, on ne vit aucun magistrat. Les personnes même distinguées de la ville ne s'y trouvèrent qu'en petit nombre, tandis que le peuple chantait les louanges de Dieu et celles du vainqueur. Le sermon qu'on entendit avait pour texte : « Il fut un homme envoyé de Dieu nommé Jean. C'était l'exclamation du pape Pie V un siècle auparavant, lorsqu'il apprit la fameuse bataille de Lépante, que le célèbre don Juan d'Autriche gagna contre la flotte du sultan Sélim. Il y avait pourtant une grande différence entre cette victoire et celle de Jean Sobieski. La chrétienté ne tira presque aucun fruit de la première. Celle de Vienne a sauvé l'empire et la religion. Vienne prise, on eût vu, comme à Constantinople, les églises chrétiennes se changer en mosquées; et qui sait où le mahométisme, qui couvre déjà tant de terres, eût fini.

Léopold, qui comptait triompher dans sa capitale, sans avoir combattu, arrivait par le Danube, osant à peine jeter les yeux sur les ruines encore fumantes de tant de hameaux, de villages, de jardins, de maisons de plaisance.

Mais pour n'être pas spectateur du triomphe de Jean, il suspendit sa marche. Une difficulté de cérémonial l'arrêtait aussi : il s'agissait de savoir si jamais un roi électif s'était trouvé avec un empereur, et comment il avait été reçu. Le duc de Lorraine, qui n'entendait en ce moment que le cri de la reconnaissance, répondit : « A bras ouverts, s'il a sauvé l'empire. » L'empereur n'écoutait que la dignité impériale, et il fit savoir à Jean qu'il ne lui donnerait pas la main, comme il prétendait, en qualité de souverain. Après bien des chicanes, il fut réglé qu'on se verrait en pleine campagne.

Le moment de l'entrevue arriva. Le roi de Pologne avec un bonnet à la polonaise et une aigrette terminée par une grosse perle flottante, armé comme le jour de la bataille, avec un bouclier à la romaine où étaient gravées, non les actions de ses aïeux, mais les siennes ; monté sur un cheval superbe et magnifiquement harnaché, aborda l'empereur avec ce port héroïque dont la nature lui avait fait présent, et cet air que donne la victoire. L'empereur, vêtu comme il l'était dans sa cour, assez simplement, et monté de même, ne l'entretint que des services reçus en tout temps par les Polonais, de l'amitié et de la protection des empereurs. Il lâcha pourtant le mot de reconnaissance pour la délivrance de Vienne. A ce mot le roi, tournant bride, lui dit : « Mon frère, je suis bien aise de vous avoir rendu ce petit service. » Il allait finir l'entretien, qui devenait gênant; mais il aperçut le prince Jacques, son fils, qui mettait pied à terre pour saluer l'empereur. « C'est un prince, lui dit-il, que j'élève pour le service de la chrétienté. » L'empereur, sans dire mot, fit un signe de tête : c'était pourtant ce jeune prince dont il avait promis de faire son gendre. A quoi devaient s'attendre les palatins qui environnaient leur roi? L'un d'eux s'avança pour baiser la botte de Sa Majesté impériale; mais il s'attira une réprimande de la part de son maître : « Palatin ! point de bassesse; » et on se quitta. Personne ne fut plus blessé des procédés de Léopold pour le libérateur de Vienne que le duc de Lorraine.

Jean, mécontent de l'empereur, après avoir sauvé l'empire, devaient naturellement penser à retourner dans ses Etats. C'était l'intention de la république, et le vœu de la reine. L'empereur lui-même le souhaitait, pour une raison qu'il se gardait de manifester. Il savait que les mécontents de Hongrie, ne comptant plus assez sur la fortune de Tékéli, avaient fait offrir leur couronne à Jean pour le prince Jacques son fils. Ces mécontents étaient en armes ; et Léopold ne voyait pas tranquillement à leur portée un roi victorieux qui, en acceptant cette couronne, pouvait lui vendre chèrement le service qu'il lui avait rendu. Cette ambition que Jean aurait pu justifier par les suffrages d'un peuple qui reprenait sa liberté pour en disposer, n'entrait point dans son âme; il ne pensait qu'à la cause commune de la chrétienté, et à l'intérêt particulier de la Pologne en continuant d'humilier l'empire ottoman.

Avant le départ de Sobieski, on résolut encore d'user

des forces polonaises, pour enlever Neuhausel aux Turcs. Cette place dont le duc de Lorraine avait été obligé de lever le siége au commencement de la campagne, est située au nord du Danube. Ce siége fournissait le moyen de revoir les Turcs qu'on se repentait d'avoir laissé échapper avec si peu de perte.

Le roi de Pologne était en marche dès le 17 septembre, pour achever la destruction de l'ennemi ; car il croyait n'avoir rien fait, tant qu'il restait quelque chose à faire. L'armée allemande le suivait, mais moins nombreuse qu'à l'affaire de Vienne. Toutefois l'armée chrétienne se trouvait encore forte de cinquante mille hommes ; elle passa le Danube au-dessus de Presbourg, sous le canon de Comore, faisant face à Neuhausen.

Cependant une mésintelligence survenue entre Staremberg et Sobieski la divisa. Celui-ci, dès ce moment, résolut de montrer aux Allemands qu'il pouvait vaincre sans eux, quoique pour eux.

Un corps de six à sept mille Turcs, tout cavalerie, avait passé le Danube sur le pont de Strigonie, pour en garder la tête. Il était commandé par un jeune homme qui avait vu étrangler le bacha de Bude, et ne craignait point d'occuper sa place. Ce jeune bacha, Kara Méhémed, né pour la guerre, plein de feu, de courage et d'ambition, voulait mériter sa fortune.

L'armée polonaise campait toujours en avant. Jean se flatta d'écraser cette poignée de Turcs, et d'enlever le fort de Barcan. Mais il ne voulait pas que les Allemands eussent part à cette victoire. Il leur déroba sa marche, Cependant des espions, revenant à lui, rapportaient que les ennemis étaient en grand nombre : « Ne nous informons pas, dit-il, combien ils sont, mais où ils sont. » Il les trouva trop tôt, quoique le nombre en fût réellement petit.

Le 7 octobre fut un jour de sang. Les Turcs s'étaient couverts d'un rideau. L'avant-garde polonaise ne s'en croyait pas si près. Ils fondent sur elle sans lui donner le temps de se mettre en bataille. Le trouble et la confusion s'empare des esprits. L'officier ne commande plus ou commande mal. On fait mettre pied à terre à des dragons dans une plaine. Les Cosaques sont renversés ; les Pancernes ne tiennent plus ; les dragons du grand-général ne remontent à cheval que pour se sauver. Ceux du roi n'en ont pas le temps, et sont taillés en pièces. On ne voit que des gens qui fuient, et des têtes qui tombent sous le sabre.

Jean arrive au milieu de ce désordre avec le gros de sa cavalerie. Sa présence n'arrête pas le vainqueur. Le jeune bacha redouble d'activité. A peine Jean a-t-il le temps de se ranger sur une ligne. Il reçoit les Turcs avec fermeté, il les charge même à son tour. Mais les Turcs se développant pour envelopper toute la ligne polonaise, et poussés par cette fureur qui animait les mahométans sous les premiers califes, font plier la gauche, enfoncent la droite, ouvrent le centre. Ce n'étaient plus ces intrépides Towarisz qui, dans le siècle passé, avaient dit à leur roi : « Qu'as-tu à craindre avec vingt mille lances ? Quand le ciel tomberait, nous le soutiendrions de leurs pointes. »

Dans ce trouble universel où chaque instant entassait des mourants sur des morts, où la retraite devenait aussi dangereuse que la résistance, le grand Jablonowski pria le roi de s'échapper, avec son fils, qui combattait à côté de lui, ajoutant qu'avec quelques escadrons ralliés, il tâcherait de tenir encore quelques moments pour couvrir sa personne sacrée. Le roi savait qu'il n'était sacré que pour s'immoler à la république. Il continua le combat jusqu'à ce qu'il fût entraîné, lui et son fils, par la foule des fuyards. Jamais terreur plus grande. Les hussards jetaient leurs lances, les cornettes, leurs étendards; on voyait tout cela pêle-mêle dans les sillons avec les tymbales.

Il y avait près d'une heure que la déroute durait, et que la plaine se couvrait de morts : encore quelques minutes, et la Pologne perdait en un jour ce qu'elle avait de plus précieux, son roi, ses généraux et toute sa cavalerie. L'infanterie s'avançait à grands pas. L'armée impériale la suivait, l'artillerie se disposait. Les Turcs, en trop petit nombre pour affronter de si grandes forces, retournèrent sur le champ de bataille, dont ils restèrent maîtres.

Lorsque cette tempête de sang eut cessé, le calme avait quelque chose de bien triste encore. Le roi, accablé de lassitude et de chagrin, s'était jeté sur du foin. Des seigneurs polonais échappés au carnage, les yeux baissés, l'air abattu, environnaient leur maître dans un morne silence. Les généraux allemands composaient leur visage pour la tristesse. Jean lisait au fond de leurs cœurs : « Messieurs, leur dit-il, avec cette candeur qui ne se trouve que dans les grandes âmes, j'avoue que j'ai voulu vaincre sans vous pour la gloire de ma nation; j'en suis puni, j'ai été bien battu; mais je prendrai ma revanche avec vous et pour vous. C'est de quoi il faut s'occuper. » Cette éloquence du cœur est peut-être au-dessus de toutes les harangues de Tite-Live.

Le jeune bacha, fier d'avoir triomphé d'un si grand roi avec des forces inférieures, pensait, de son côté, à de nouveaux lauriers. Il dépêcha, la nuit même, à Bude, pour y porter la nouvelle de sa victoire. Le grand-visir, sans perdre un moment, fit marcher un corps de vingt mille chevaux qui arriva, le lendemain, par le pont de Strigonie, la distance n'étant que de six lieues. Il écrivit en même temps à Tékéli, qui attendait les événements à la tête de trente mille hommes : « Que s'il avait eu des raisons pour ménager le roi de Pologne, elles cessaient à présent ; que son armée était entièrement détruite, et lui tué ou pris ; qu'il n'était plus question que des Allemands, dont on aurait bon marché ; et qu'il devait faire la plus grande diligence pour se rendre à Barcan, où il assurerait sa couronne, en méritant la protection de l'empire ottoman, et en partageant sa gloire. »

C'est ainsi que Kara-Mustapha projetait d'effacer sa honte, sans venir en personne prendre part aux dangers.

Jean, à qui le repos de la nuit avait rendu des forces, donna toute la journée du 8 à rassembler son armée dispersée, à la consoler du malheur de la veille, à l'animer à la vengeance, à la combiner avec les impériaux, et à régler l'ordre de la bataille du lendemain. Sa lettre à la reine, datée de ce jour, en lui apprenant son désastre, était glaçante. « Il lui disait qu'il marchait aux ennemis, et qu'elle devait s'attendre à leur défaite, ou à un éternel adieu. »

Tékéli n'était point arrivé le matin du 9, lorsque l'action s'engagea. Tout autre que le jeune bacha aurait évité l'engagement, ou du moins ne l'aurait pas cherché. On aura peine à croire que vingt-six mille Turcs, tous cavalerie et sans canons, aient osé défier cinquante mille chrétiens qui ne manquaient d'aucune force, infanterie, cavalerie, artillerie. Le jeune bacha fit encore une faute plus considérable. Il se mit en bataille dans un cul-de-sac, le Danube à sa gauche, une chaîne de montagnes à sa droite, la rivière de Gran derrière lui, n'ayant pour toute retraite que son pont de Strigonie, protégé par le fort de Barcan. C'était dire à ses soldats, il faut vaincre ou périr. Ce beau désespoir a réussi quelquefois : la prudence vaut mieux. Il ne forma qu'une ligne assez profonde avec des intervalles médiocres : mais elle était soutenue de trois colonnes de quinze escadrons chacune, l'un à la queue de l'autre. Les Turcs prétendent que ces colonnes sont difficiles à rompre, se rallient aisément, sont propres à envelopper l'ennemi. Les Polonais venaient de l'éprouver bien cruellement.

Deux bachas, celui de Silistrie et celui de Caramanie, menaient les ailes. Le général que la victoire avait rendu plus brillant, et qui s'en promettait une autre, était au centre.

L'armée chrétienne débordait les Turcs de toute la moitié de son front, mêlée par distribution égale de troupes allemandes et polonaises, afin que les deux nations pussent partager les dangers et la gloire, s'il y en avait à vaincre avec tant de supériorité. Le roi était à la droite, Jablonowski à la gauche, le duc de Lorraine au centre.

Les chrétiens s'ébranlaient pour charger ; les Turcs, plus prompts, arrivèrent sur eux avec des hurlements et une impétuosité qu'on ne peut décrire. Un torrent qui se précipite d'une montagne n'est ni plus bruyant, ni plus rapide. On les reçoit avec une fermeté qui laisse chacun dans sa place, et avec un feu épouvantable qui fait tomber hommes et chevaux. Ils font volte-face pour respirer un moment, et reviennent avec plus de fureur. Sans les chevaux de Frise qui couvraient les bataillons chrétiens, ils les enfonçaient. Dix fois ils sont au moment de réussir, et dix fois on les repousse. Jamais escadrons ne manœuvrèrent avec plus de légèreté et de promptitude. C'est là que l'on connut bien l'excellence des chevaux turcs.

Après tant de tentatives aussi audacieuses qu'inutiles, ils changent l'ordre de l'attaque. Jusqu'à ce moment ils n'ont chargé que la gauche ; ils entreprennent également sur le centre et sur la droite ; et si un corps est repoussé, l'autre, qui a repris haleine, se signale par des efforts au-dessus de la valeur ordinaire. Ce n'est point par le feu, c'est par l'arme blanche dans une mêlée complète qu'ils prétendent vaincre. Si Tékéli eût paru en ce moment, comme il le pouvait, l'armée chrétienne eût couru de grands risques.

Le bacha de Silistrie perce dans la gauche ; son cheval est tué sous lui. Un gros de cavalerie l'enveloppe. Il se défend à terre, soutenu de quarante de ses domestiques qui descendent de cheval pour le couvrir de leurs sabres. Jablonowski, touché de cet héroïsme, crie : « Qu'on sauve ces braves gens. » Les Allemands les mettent en pièces. Le malheureux bacha, livré à la fureur du soldat, regarde Jablonowski, et se rend à lui. Le bacha de Caramanie, couvert de sang, est pris au même endroit.

Le général, privé, pour ainsi dire, de ses deux bras, fait encore tout ce qu'on peut attendre du courage le plus décidé. Il se fait jour dans le centre ; mais enfin, blessé de deux coups de sabre, et sentant l'épuisement de ses troupes, il pense à la retraite.

Jean, qui en aperçoit les premières dispositions, ne lui en donne pas le temps. Il s'avance à la tête de sa cavalerie pour le prendre en flanc, et lui couper sa retraite. On voyait déjà sur le pont les premiers qui se retiraient. L'armée chrétienne, poussant de grands cris à son tour, double le pas, se déploie en croissant, atteint l'ennemi.

Ce n'est plus qu'un amas de foudres qui tombent sur des gens qui cherchent à fuir. Les uns gagnent le pont; mais ce pont de bateau, balayé par le canon, et surchargé, s'enfonce sous le poids. Les autres courent vers le fort; mais le fort regorge et les repousse. On en voit se jeter à la nage dans le Danube, qui se couvre d'hommes et de chevaux; le feu les atteint encore, et le fleuve les engloutit. Dix-huit mille, qui n'osent tenter ce chemin dangereux, restent sur le bord dans un danger plus grand. Ces lions qui voulaient tout dévorer, il n'y a qu'un moment, se laissent égorger comme un troupeau sans défense. Tenant encore leurs armes, ils ne font pas le moindre effort pour vendre leur vie : on les croirait frappés du ciel. Ils criaient *amman*, pardon, et ils recevaient la mort.

Les janissaires du fort regardaient cette boucherie en attendant leur destinée. Ils faisaient tous les signes d'un ennemi qui se rend. Ils arboraient le drapeau blanc; et, dans la crainte qu'on ne l'aperçût pas, ils déchiraient les manches de leurs chemises, qu'ils présentaient au bout de leurs armes. Ce jour n'était pas fait pour la pitié. Leur mort était écrite sur leurs palissades, au-dessus desquelles les soldats polonais voyaient les têtes sanglantes de leurs frères. La rage qui les saisit leur coûta de nouvelles larmes qu'ils auraient dû s'épargner. Les janissaires, sur le point d'être forcés lorsqu'ils offraient de se rendre, firent une décharge fort meurtrière. Ce fut un coup de désespoir, et leur dernier moment. Des vingt-six mille Turcs qui combattirent, deux mille seulement se sauvèrent avant la rupture du pont. Le jeune bacha, qui aurait mérité la seconde victoire, si la valeur suffisait, était du nombre.

Cette victoire, qui donnait aux chrétiens le fort de Barcan, fit changer le plan des opérations. On devait assiéger Neuhausel : on se décida pour Strigonie, qui se trouvait affaiblie par la prise du fort.

Le bacha brûla les faubourgs et la basse ville ; et, au bout de quatre jours, il battit la chamade, mettant dans ses conditions qu'il ne rendrait Strigonie qu'au roi de Pologne, et qu'il serait conduit à Bude, lui et sa garnison. Le roi entra dans la place le jour de la Toussaint, et la remit au duc de Lorraine. Il voulut engager le bacha à le suivre en Pologne pour mettre sa tête en sûreté. Le musulman répondit que sa vie était entre les mains de Dieu et du grand-seigneur, et qu'il aimait mieux mourir par leur ordre que de vivre parmi des chrétiens. Cette résignation n'était pas difficile. On a cru que le visir, n'ayant pas le courage de secourir la place, lui avait commandé de la rendre. Il y avait cent quarante-trois ans que le grand Soliman en avait fait la conquête sur l'empereur François Ier, frère de Charles-Quint. Elle revenait à ses maîtres.

La saison s'avançait; et le Danube avait fait périr plus de Polonais que la guerre n'en avait détruit dans trois batailles. Les eaux de ce fleuve, dont Charlemagne se plaignait déjà, donnent la dyssenterie aux étrangers. Cette maladie enleva le palatin de Volhynie, Sieniawski. C'est lui qui avait marché le premier au secours de Vienne. Grand enseigne de la couronne, et petit-général, il périt au milieu d'une belle carrière. Son fils, avec les années, parvint au grand généralat, qu'il aurait mérité lui-même; et ce fils eut le bonheur de trouver une épouse digne de lui. Elle avait une si grande considération en Pologne, que Louis XIV entretenait une correspondance avec elle.

La prise de Strigonie termina la campagne, et les armées se séparèrent. Les Polonais, pour revoir leur patrie, avaient cent lieues à faire par un pays coupé de rivières et de montagnes, infesté des mécontents de Hongrie, semé de villes qui appartenaient à eux ou aux Turcs; et la dernière chaîne de montagnes, qui sépare la haute Hongrie et la Pologne, ne présentait, en cette saison, que des neiges, des glaces et des torrents, à travers lesquels il fallait se chercher un chemin.

Si Jean n'avait voulu faire que sa route, il se serait épargné d'être harcelé continuellement comme il le fut, Tékéli, qui voulait toujours le ménager, aurait aisément contenu ses Hongrois; mais il voulait marcher en conquérant, et soumettre à l'empereur toutes les villes qui se trouvaient sur son passage. Epéries se défendit trois jours; Sabine un peu plus. Levochi ouvrit ses portes. Zetchin, place turque, capitula dès qu'elle vit le canon. Jean laissait des garnisons dans toutes. L'exemple de Forgaste, rentré en grâce, séduisait beaucoup de seigneurs hongrois. Le comte d'Humanaï, beau-frère de Tékéli, fut du nombre. Jean obtenait enfin quelque chose pour eux de la cour de Vienne, parce qu'il y aurait eu du danger à lui tout refuser. Et, dans le fait, le service qu'il rendait à l'empereur, par la force et la douceur de sa médiation, était bien plus grand que s'il lui eût livré les rebelles ; leur sang, que Vienne était toujours disposée à répandre, aurait nourri la révolte, et l'eût fortifiée des armes du désespoir.

La grâce que le comte Humanaï et quelques autres transfuges venaient d'obtenir leur servit peu. Ils retombèrent entre les mains de Tékéli, qui leur fit trancher la tête, sans épargner son beau-frère.

Jean traversa les Carpates au mois de décembre, c'est-à-dire au temps des plus grandes horreurs dont ces montagnes sont hérissées ; et il rentra en Pologne vers les fêtes de Noël. Il trouva, sur les frontières, l'armée de Lithuanie qui marchait au secours de Vienne dès le mois de juillet : étrange dissonnance, lorsque, dans un même État, il y a deux corps d'armée qui n'obéissent pas au même chef.

Ainsi finit cette fameuse campagne, le salut de Vienne et de l'Empire.

Le pape institua une fête pour perpétuer le souvenir d'une victoire visiblement obtenue par la protection du ciel.

Tout le profit de l'expédition fut pour Léopold. La Pologne n'y gagna que de la gloire et un titre. Les têtes couronnées, en lui écrivant, dans les interrègnes, mettaient cette adresse : *Inclytæ reipublicæ*, à la célèbre république. La cour de Vienne surtout était rigoureuse sur ce point.

III

Jean passa l'hiver à Cracovie, où il reçut les félicitations de l'Europe, Mais, aux yeux de la république, il n'avait rien fait, s'il ne reprenait Kaminieck. C'était le vœu général dans toutes les diètes. La conjoncture paraissait favorable. Les Turcs étaient occupés en Hongrie avec les impériaux qui venaient de mettre le siége devant Bude, et il leur naissait de nouveaux ennemis. Les Moscovites et les Vénitiens demandaient à entrer dans la ligue. La Moscovie avait fait, en différents temps, des pertes considérables en se mesurant avec les forces ottomanes. Venise se plaignait aussi. Cette république qui, au commencement du cinquième siècle, n'était qu'une retraite de pêcheurs et de quelques fugitifs, avait fondé sa grandeur par terre et par mer sur son commerce; et, au temps des croisades, au lieu de se consumer dans cette maladie épidémique, elle s'était enrichie par la conquête de l'île de Candie, du Péloponèse et des meilleurs pays de la Grèce. La patrie des Périclès, des Sophocle et des Platon aurait pu recouvrer quelque lustre: mais le Turc, en chassant les Vénitiens, l'avait replongée dans la barbarie. Un autre grief tout récent des Vénitiens était que leurs vaisseaux, pendant le siége de Vienne, avaient été insultés dans le port de Constantinople. Ils espéraient donc, ainsi que les Moscovites, réparer leurs pertes, en s'alliant avec Jean, dont la conduite et la valeur paraissaient enchaîner les succès. Leurs ambassadeurs, arrivés à Varsovie, traitèrent avec lui, et en même temps avec l'empereur qui semblait prédestiné à cueillir les principaux fruits de la ligue.

L'armée polonaise s'était affaiblie par ses victoires. Le grand-général Jablonowski n'avait rien oublié pour la rétablir: mais, malgré ses soins, elle restait moins forte que dans la campagne de Vienne. Elle regrettait encore le petit-général Sieniawski. Celui qui prit sa place, André Potoski, castellan de Cracovie, la consola. Celui-ci, premier personnage dans le sénat, se disposait à devenir le premier dans l'armée. Les Polonais joignirent les Lithuaniens sur la fin de juillet. Ceux-ci n'avaient plus à leur tête le grand-général Paç. La mort avait fini son généralat, et il laissait à la Pologne des regrets que le roi ne partageait pas. On connaissait d'autres Paç, parmi lesquels on aurait pu lui choisir un successeur, mais Jean avait résolu d'abaisser cette maison. L'aîné des

Sapieha fut revêtu du suprême commandement, et en même temps du palatinat de Wilna.

Jean avait toutes sortes de raisons apparentes pour se dispenser de faire cette campagne. Les travaux éclatants de la dernière et de tant d'autres semblaient lui permettre un repos honorable. Le succès du siége qu'on allait former avec des forces médiocres, était très-incertain. Les maîtres du monde choisissent ordinairement leur temps pour marcher à la gloire. Celle qui se présentait n'offrait rien d'assez éblouissant. Ce n'était plus contre Mahomet en personne, comme 1672, que Jean allait combattre; ce n'était pas même contre un grand-visir, revêtu de toute la puissance du sultan, c'était contre un simple séraskier, qui commandait plus de Tartares que de Turcs. Un tel adversaire ne flattait point l'orgueil du trône, et enfin le roi pouvait confier l'expédition au grand-général Jablonowski, dont il connaissait les talents, et qui aurait bien voulu faire quelque chose sans son roi.

Tous ces motifs ne purent le retenir dans les plaisirs de Varsovie. Il se mit à la tête de l'armée, et s'avança sur Jaflowiecz; c'était la seconde ville de la Podolie, avant que les Turcs se fussent emparés de cette belle province. Ils avaient brûlé la ville, ne conservant que le château, château de défense extrêmement massif, composé de huit grosses tours, situé sur un rocher, dont la rivière de Janowf fait une presqu'île. Au pied du rocher on voyait une enceinte de murailles peu élevées avec plusieurs tours carrées de la même hauteur. Ce fut principalement la bombe qui emporta ce fort, où il y avait cinq cent trente janissaires et treize pièces de canon. Les objets hors de la vue grossissent au gré de l'imagination. Le bruit de cet exploit retentit dans toute l'Europe. A peine en eût-on parlé, sans le grand appareil qui l'environnait : toutes les forces de la république en mouvement, la présence du roi et de sa cour ; la reine, elle-même, témoin de ce premier succès, croyait en partager la gloire. Son âme s'allumait au feu guerrier de son époux. La campagne finit là pour elle.

Il s'agissait de Kaminieck ; ce n'était plus un amusement de reine. Le roi, continuant sa marche, cotoya le Dniester, dans le dessein d'y jeter un pont, d'entrer dans la Moldavie, pour couper toute communication des Turcs avec Kaminieck, et d'hiverner dans cette province, au cas où la place fit toute la défense dont elle était capable.

La diligence de l'ennemi dérangea tout le plan ; à peine commençait-on à travailler au pont, que vingt mille Turcs et un plus grand nombre de Tartares parurent sur l'autre bord du fleuve. Mahomet avait perdu, dans la campagne de Vienne, dix-sept bachas de mérite ; il ne lui en restait que trois de réputation. Soliman en était un ; né en Bosnie, province qui nourrit des gens de tête, il cherchait à se signaler pour monter au visiriat, que la suite des évènements lui donna. Au premier bruit de la marche du roi, il s'était avancé dans la Moldavie et la Valachie, où les deux Cantacuzènes régnaient, Démétrius et Serban. On les avait vus jouaillers à Constantinople, où un de leurs ancêtres avait porté la couronne impériale. Serban avait des qualités : mais il entretenait des correspondances suspectes avec Vienne et Moscou : « Je sais tout, lui dit Soliman, tu seras observé ». L'autre, indigne de son nom, était un prince faible, sans talents, et peu propre à commander dans un temps de crise ; il le déposa et donna la couronne de Moldavie à Cantémir, qu'il croyait attaché aux intérêts de la Porte. Après cet arrangement, il se présentait au Dniester lorsqu'on l'en croyait encore bien éloigné, et cette célérité fut soutenue d'une contenance ferme.

Il ne fut pas possible de jeter un pont en sa présence. Les Tartares n'en eurent pas besoin pour venir aux Polonais. Cette nation, que rien n'arrêtait, qui vivait de peu et qui savait tout souffrir, aurait été la plus redoutable de la terre, si elle avait eu la discipline européenne. Telle qu'elle était, on craignait plus ses ravages que ses armes. La Hongrie se trouvait très-heureuse d'en être débarrassée. Ils enveloppèrent l'armée polonaise, en la harcelant de tous côtés, sans vouloir engager une action, aussi prompts à fuir qu'à se présenter, toujours prêts à repasser le fleuve, s'ils s'y trouvaient forcés.

On voyait parmi eux une horde qui se distinguait par l'audace et l'acharnement; c'était de ces Tartares Lipka qui avaient vécu sous les lois de la Pologne en Lithuanie, et qui étaient retournés à leur origine par la paix de Zurawno. Habitués en Lithuanie depuis trois siècles, rien ne les distinguait plus des Polonais. Ils en conservaient l'habillement, les armes et la langue; ils n'avaient perdu que ce qui aurait pu servir à les faire reconnaître, cette laideur naturelle aux Tartares, ces petits yeux, ce nez écrasé, ce teint basanné, fruits du climat d'où ils étaient sortis. Polonais en tout excepté dans le cœur, ils avaient surpris le fort Mienzibow, d'où ils étendaient leur course dans la Russie-Noire. Ils se glissaient avec facilité dans les villages, dans les châteaux de la noblesse, dans les maisons religieuses, faisaient partout de grands dégats et beaucoup d'esclaves. L'occasion présente augmentait leur ardeur. Ils entraient dans le camp polonais de nuit et quelque fois de jour; ils enlevaient des équipages ; ils se mêlaient aux fourrageurs et les sabraient. Il était défendu de leur faire quartier, mais on se trouvait rarement dans le cas de cette sévérité.

Pendant cette petite guerre, qui ne laissait pas de fatiguer les Polonais, les Turcs, sur le bord opposé du fleuve, se contentaient d'empêcher le passage. Les deux armées se regardaient sans décider. Un Tartare distingué, qui avait été autrefois à la cour de Pologne pour traiter la rançon de son frère, cria qu'il souhaitait de voir encore le grand roi. Jean fit répondre qu'il lui enverrait non-seulement une escorte, mais des otages. Le tartare répliqua que sa seule parole valait mieux que tous les otages, et qu'il viendrait le lendemain. On a ignoré ce qui rompit cette entrevue.

Cependant Kaminieck, l'objet de cette campagne, restait à couvert, et l'armée polonaise souffrait beaucoup dans un pays entièrement désert. Lorsque Cuprogli, en 1672, avait conquis la Polodie, province si belle et si féconde alors, il avait permis aux Polonais de se retirer avec tout ce qu'ils pourraient emporter avec eux. Ce n'était pas un ordre, mais il ne voulait point de mécontents sous les lois de la Porte. La noblesse, le clergé et les maisons religieuses donnèrent l'exemple de la retraite; le peuple suivit : conduite peu sage pour une province qui pouvait espérer de rentrer un jour sous la domination polonaise. Les vainqueurs brûlèrent donc les villes et les villages désormais inutiles, et toute la Polodie n'existait plus que dans la seule ville de Kaminieck. Un seul terrain cultivé s'étendait l'espace de trois lieues, depuis les glacis de la place jusqu'aux ruines de Zwanieck, ville autrefois considérable. L'armée polonaise consomma tout ce qu'elle put; le feu détruisit le reste, jusqu'aux portes de Kaminieck. C'était faire du mal à l'ennemi, mais ce n'était pas le soumettre.

Un siége en forme d'une place aussi forte, où il y avait une garnison de dix mille hommes, et en présence d'une armée supérieure, devenait impossible.

Jean voulut du moins élever une citadelle contre Kaminieck pour en préparer la chute dans un temps plus favorable. Il chosit, pour cela, à une lieue de distance, un rocher isolé, baigné par la rivière qui passe à Kaminieck et peu éloigné du Dniester. Il occupa son infanterie et ses dragons à le fortifier. Les Turcs ne virent pas ces travaux d'un œil tranquille; ils passèrent le Dniester pour les troubler. C'est ce que Jean souhaitait, dans l'espérance de les amener à une bataille; mais le séraskier n'était pas de cet avis. Il se contenta d'escarmoucher sans cesse avec la cavalerie polonaise. Jean allait souvent à lui; mais le séraskier se retirait incontinent sous le canon de la place. Le fort de la Trinité (ce fut le nom de l'ouvrage qui s'élevait) s'acheva en six semaines. Ce fort, où l'on mit une garnison, incommoda beaucoup la place tout le temps qu'elle resta encore au pouvoir de l'ennemi. Elle ne pouvait plus recevoir ses convois qu'en tirant le sabre.

La saison s'avançait. Jean prit le parti de se rapprocher de Léopol, où la reine l'attendait; mais, en se retirant, toujours assiégé par les Tartares, il tacha de les attirer dans quelque piége où il pût les battre. Il les tenait dans une gorge; mais les généraux objectèrent la fatigue de la marche et l'approche de la nuit. Ils proposèrent un conseil de guerre au moment précieux où il fallait charger. Quelque grand qu'un roi de Pologne soit dans la guerre, il n'y est jamais absolu. Les Tartares échappèrent ; et, frémissant du danger qu'ils avaient couru, ils ralentirent leur poursuite.

Cette campagne des armées chrétiennes ne ressemblait pas à la précédente, qui avait été couronnée par la victoire. Le duc de Lorraine et le roi Jean venaient d'apprendre qu'avec de grands talents on n'est pas toujours heureux. Jean, peu content de son expédition, pensa du moins à faire jouir la Pologne des biens de la paix, au milieu d'une guerre dont on ne prévoyait pas la fin. Au lieu d'aller aux amusements de la capitale, il n'abandonna plus les frontières; et, pendant qu'il contenait les Tartares, milice toujours prête aux incursions, le noble jouissait de sa fortune, le marchand faisait son commerce, les terres étaient cultivées, et le paysan vivait. La cour, regrettant peut-être les délices de Varsovie, tâchait de se conformer au prince dans cette vie guerrière. Les ambassadeurs le trouvaient toujours botté.

Au milieu des travaux de la guerre, il aimait les arts de la paix, la musique, la peinture, la poésie, l'éloquence. En lisant, il avait toujours le crayon à la main, et tous ses coups de crayon sur les marges étaient autant de traits de génie ou des remarques utiles. Parlant cinq à six langues dès sa jeunesse, il avait encore appris l'espagnol à cinquante ans. De tant de discours qu'il faisait au sénat ou dans les diètes, la plupart étaient en latin, et le moyen dont on se servit pour engager Charles XII, enfant, à l'apprendre, fut de lui dire que le héros de la Pologne le savait.

Il y avait long temps que la Pologne n'avait vu la cour

de ses rois aussi brillante : on y remarquait des seigneurs étrangers qui voyageaient pour la connaître, des ambassadeurs extraordinaires qui venaient former des alliances, de jeunes princes qui voulaient apprendre la guerre sous un héros, des savants même, qui cherchent toujours les rois instruits. Jean était digne de les entendre : c'était surtout à sa table. Il aimait tous les plaisirs de la société, mais assaisonnés par la saine philosophie, sans laquelle la société n'a point de charmes durables. L'instruction en tout genre avait coûté à Jean beaucoup d'application, de réflexions et de veilles. Il en recueillait les fruits ; leur douceur toutefois était souvent mêlée d'amertume : c'est la condition des choses humaines.

Le bonheur de Jean fut trouble quelque temps par les dissensions de la diète de Varsovie, dite de Grodno. Mais le moment de reprendre les armes arriva, et Sobieski, heureux d'avoir encore l'occasion de se couvrir de gloire en servant son pays, allait tenter de nouveau le siége de Kaminieck, lorsqu'une maladie l'obligea à céder le commandement des troupes à Jablonowski. Ce général, digne ami de son roi, faillit essuyer le plus sanglant échec, et ne se retira d'un lieu où l'ennemi l'avait bloqué que par son habileté et celle de Konski, qui dirigeait l'artillerie.

Jablonowski tint encore la campagne pendant trois semaines, pour empêcher les incursions des Tartares.

Les armées polonaises retiraient de leurs expéditions beaucoup de gloire, mais nul avantage. Le Moldave n'était point soumis. Kaminieck restait aux Turcs. Tout l'objet de l'armement était manqué.

Il n'en était pas de même des autres puissances de la ligue chrétienne. Tandis que la Pologne occupait une partie des forces ottomanes, Venise et l'empereur voyaient s'aggrandir leurs domaines.

Jean achevait de rétablir sa santé à Zolkiew, non en s'abandonnant à ces ménagements outrés qui entretiennent la faiblesse, mais en se livrant à l'exercice de la chasse. Il entretenait cinq cents janissaires, vrais turcs, pris dans les combats, conservant leurs armes et leurs vêtements. On leur marquait une enceinte dans une forêt; ils tendaient des filets en laissant une ouverture qui répondait à la plaine. Des chiens, tenus en laisse, formaient un croissant à une assez grande distance. Derrière eux, le roi, les veneurs et les curieux décrivaient une même ligne. Au signal donné, d'autres chiens perçaient dans la forêt et chassaient indifféremment tout ce qui se rencontrait. Bientôt on voyait sortir des cerfs, des élans, des aurox, taureaux sauvages d'une beauté, d'une force et d'une fierté singulière, des loups-cerviers, des sangliers, des ours, et chaque espèce de chien attaquait la bête qui lui était propre. La bête ne pouvait ni rentrer dans la forêt, ni s'arrêter aux filets, parce que les janissaires y veillaient. Les veneurs ne se mêlaient du combat que lorsque les chiens étaient trop faibles. Cette multitude d'hommes, de chevaux, de chiens et d'animaux sauvages, le bruit des corps, la variété des combats, tout cet appareil de guerre, orné d'une magnificence convenable, étonnait les curieux du midi ; et la république ne murmurait point de cette dépense, parce qu'elle n'était point à sa charge.

La chasse ne fut pas le seul amusement du prince. Comme la nation ne s'assemblait pas cette année, et qu'il était incertain si elle reprendrait les armes, il avait du loisir. Une nation jouit, lorsqu'un roi laborieux se délasse. Il se livra au plaisir de bâtir. Il choisit une situation charmante sur les bords de la Vistule, à deux lieues de Varsovie. Villanow sortit de terre, et l'architecte de l'Italie vint embellir le nord. Jean se plaisait à voir élever cet édifice, sans oublier son ressentiment contre Léopold, qui venait de marier sa fille, qui avait été promise à son fils; et il était prêt à quitter la ligue. Léopold sentit qu'il fallait lui présenter quelque nouvel appas pour l'y retenir. Il lui fit proposer la conquête de la Moldavie et de la Valachie pour en mettre la souveraineté dans sa maison, lui promettant un corps de troupes allemandes, qui s'avancerait des bords du Danube pour lui prêter la main. Cette double couronne tentait Jean. D'un autre côté, Mahomet lui faisait des offres avantageuses. Il se décida pour le parti de l'empereur, qui était celui de la chrétienté, et il se mit en mesure d'agir.

Il y avait long-temps que la Pologne n'avait levé une armée aussi belle et aussi nombreuse. Elle approchait de quarante mille combattants. Les généraux avaient bien servi le roi, ce qui ne leur arrive pas toujours. Le prince Jacques, regardant déjà un trône qu'il fallait mériter, tâchait de se faire un nom, en partageant les travaux de la guerre.

Les difficultés effrayantes qu'on avait éprouvées dans la dernière campagne, dont celle-ci était une répétition, n'empêchèrent pas de reprendre la même route. La seule différence que Jean y mit, ce fut d'établir, en marchant, des postes fortifiés, de distance en distance, depuis la frontière de Pologne jusqu'à la capitale de la Moldavie,

Ces forts avaient pour objet d'assurer les courriers et les convois qui devaient arriver de si loin.

Quand l'armée traversa la Bucovine, où elle s'était vue au moment de périr dans la campagne précédente, on jeta des ponts sur tous les passages qui pouvaient retarder la marche ou empêcher le retour. On se trouva sur ce théâtre de sang où Konski avait si bien mérité de la république, et où il reçut encore les remercîments du roi et de l'armée. Le roi s'assura de ce défilé par une redoute bien palissadée et garnie de troupes. De là, poursuivant sa marche, en côtoyant le Pruth, il entra dans les vastes plaines de la Moldavie, et, malgré d'excessives chaleurs, il précipita sa marche jusqu'à la plaine de Cetzora, où il s'arrêta. Cette plaine lui montrait le sang et les lauriers de son aïeul maternel; les retranchements où le fameux Zolkiewski, avec trente mille Polonais, avait repoussé une armée de trente mille Turcs et Tartares; la pyramide, encore subsistante, où les mânes de ce héros disaient aux passants : *Apprenez de moi combien il est doux et glorieux de mourir pour la patrie*. Cette maxime était gravée dans le cœur de Jean dès sa plus tendre jeunesse. On ne compte que six lieues de la plaine à la capitale : un détachement de huit mille hommes en alla prendre possession sans la moindre résistance; les moissons étaient sur pied : tenir l'armée dans l'éloignement, c'était ménager la ville.

Jean trouva dans le palais du prince moldave, qui avait fui à son approche, d'assez beaux appartements peints en mosaïque. Il ménagea la ville comme son bien propre. Les boutiques restèrent ouvertes, les marchés libres; et tout fut payé par le vainqueur comme par le bourgeois. Les soldats, dispersés dans les monastères, n'en troublèrent pas l'ordre, et nulle insulte ne fut faite à personne.

Pendant que cela se passait, les Valaques n'étaient pas tranquilles. La crainte, et encore plus l'humanité du conquérant, dont la renommée faisait grand bruit, les soumit. Ils obligèrent leur hospodar à lui faire une députation pour lui déclarer que leurs portes étaient ouvertes.

Jean, se voyant maître de la Moldavie et de la Valachie, étendit ses vues. Il avait devant lui l'ancienne Bessarabie, aujourd'hui le Budziac, et tout ce vaste pays qui est renfermé entre le Danube et le Dniester jusqu'à la mer Noire. La Crimée elle-même piquait son ambition. Il se faisait un plaisir de châtier les Tartares sur leur propre terrain, et semblait vouloir s'ouvrir un passage jusqu'à Constantinople, par des chemins qu'on jugeait impraticables. Il reprit donc sa marche sans s'éloigner du Pruth, dont les eaux lui étaient si nécessaires au milieu d'une sécheresse si grande. Mais la nécessité de le suivre dans ces sinuosités doublait la fatigue. On était déjà fort avancé, et aucun ennemi ne paraissait encore, ni turc ni tartare.

Mahomet, apprenant la marche de Jean dans une contrée si éloignée de la Pologne, avait donné ordre à son général de ne point sortir des îles du Danube, et aux Tartares de ne pas se présenter en deçà du Dniester, jusqu'à ce que l'armée polonaise fût fort enfoncée dans le pays. Son dessein était de la faire périr dans ces mêmes plaines où Darius Ier, roi des Perses, s'était repenti d'avoir apporté le guerre pour punir les Scythes, ancêtres des Tartares, que Jean venait chercher dans leurs foyers.

Le danger augmentait avec la marche. Quand on fut à Gallacz, ville peu éloignée du Pruth, dans le Danube, la plaine se couvrit de Tartares en confusion ; et les Turcs parurent bientôt en bon ordre. Jean regardait du côté du Danube, d'où il attendait le secours que l'empereur lui avait promis; mais Léopold, ne pensant qu'à lui-même, poussait ses succès en Hongrie. Jean, se voyant trompé, sentit tout le danger où il s'était mis. Il y avait trois mois qu'il marchait ; et il fallait passer sur le ventre à des troupes fraîches, supérieures en nombre de plus de moitié. Le seul parti qui lui restait, c'était celui de la retraite ; et quelle retraite encore? Une tempête qui pouvait durer deux mois avant qu'il eut regagné le port. Le soldat regardait son roi, et se rassurait. Il jeta un pont sur le Pruth, qu'il mit entre l'ennemi et lui. Heureusement les fourrages étaient également abondants sur cette autre rive ; et le bois n'y manquait pas. Le Pruth vit disputer ses eaux par deux armées pendant vingt jours.

On n'en puisait qu'en répandant du sang. C'était, de part et d'autre, une révolution journalière de campements et de décampements à la même hauteur, et le canon ne reposait pas.

Cependant les Tartares passèrent le Pruth à la nage pour gagner les devants de l'armée polonaise, et ils entreprirent de la détruire sans l'approcher. Ils s'étaient aperçus que les herbes qui couvraient la plaine, desséchées par le soleil, s'enflammaient aisément; ils y mirent le feu, et on ne voyait plus que des flammes à traverser. Cette armée d'incendiaires donnait plusieurs inquiétudes à la fois. Elle consumait les fourrages ; elle obligeait une partie de la cavalerie polonaise d'être à cheval la nuit aussi bien que le jour, pour écarter les boutefeux. Elle retardait la marche, parce qu'il fallait donner le temps aux flammes de s'amortir. Mais quand on venait à passer sur ces terres brûlées, l'air qu'on y respirait était aussi brûlant. Les cendres qui s'élevaient sous les pieds des hommes et des chevaux, engloutissaient l'armée dans un nuage noir. La sueur qui couvrait tous les visages, y attachait la cendre ; et, au lieu de Polonais, on eût cru voir des Ethiopiens. Les déserts qu'on parcourait n'offraient que des fruits ; les convois n'arrivaient que difficilement. Le roi, le prince Jacques et les généraux, enseignaient à souffrir. Quelques officiers français, qui faisaient cette campagne, étaient étonnés de la patience et de la sobriété polonaise.

Arrivé à Yassy, le roi reprit sa marche vers la Pologne. De la Moldavie jusqu'aux frontières de ses États, il rafraîchit toutes les villes ruinées, où il avait laissé des troupes, il perfectionna tous les forts qu'il avait élevés. Si toutes ces précautions ne devaient pas lui assurer sa conquête, il en résulta, du moins, pour le pays même, un bien qui se révéla dès l'année suivante. Ces villes, désertes depuis si long-temps, commencèrent à se repeupler sous la protection des armes polonaises. Les villages circonvoisins se rétablirent. Les marchands Grecs et Arméniens, qui passent sans cesse de l'Europe en Asie, se félicitèrent d'y trouver des entrepôts sûrs. Les Juifs y cherchèrent aussi un asile. Des paysans polonais même, pour se dérober à la servitude où la noblesse les réduisait, vinrent jouir des droits de l'humanité dans la nouvelle conquête. La Pokucie, que l'on traversa en achevant la retraite, province polonaise, aussi dévastée que la Moldavie orientale, participa aux mêmes avantages.

De retour en Pologne, Jean travailla à détruire le schisme grec qui régnait dans ses États du sud, et parvint aisément, par sa douceur, et au moyen de conférences, à l'éteindre.

La loi voulait une diète cette année. Le sénat sursit, pour épargner la dépense dans un temps où la continuation de la guerre en demandait tant ; mais la nation, sans être assemblée, se souleva contre les projets du chef: Dans la campagne qui se préparait, il méditait d'assurer sa conquête de la Moldavie, en poussant ses armes victorieuses jusqu'à la mer Noire, où il comptait emporter les forteresses de Kilia et de Bialogrod. Sur ce plan, il lui convenait, malgré son mécontentement de Léopold, de rester attachés à la ligue, afin que le Turc, attaqué de toute part, fût plus aisé à dépouiller du côté de la Pologne. Mais la Pologne commençait à soupçonner que ces grands projets regardaient plutôt sa maison qu'elle-même ; et ceux qui ne s'en doutaient pas, disaient avec amertume qu'il serait encore plus difficile de conserver que de conquérir; que c'était nourrir une guerre qui ne finirait plus ; qu'on allait à des objets éloignés, tandis qu'on laissait subsister l'ennemi aux portes de la république, dans une forteresse qu'il était honteux de ne pas reprendre. Jean ne pouvait pas se dissimuler la justice de ces plaintes; le bombardement de Kaminicck fut résolu. La milice polonaise, dont la principale force consistait en cavalerie, n'était guère propre aux siéges, encore moins à celui ci, où il s'agissait d'une place bien en état de se défendre. Les Turcs, depuis la prise de Kaminieck, en avaient considérablement augmenté les fortifications, et dix mille hommes, tant janissaires que spahis, étaient résolus à y vendre chèrement leur vie. On prenait donc le parti de l'écraser de bombes ; et, comme on était persuadé qu'elle attendait un convoi absolument nécessaire, on se flattait, en l'interceptant, de prendre la place par la famine, si le feu de la bombe ne sufffisait pas.

L'armée marcha vers la fin de juin. Le roi, quoique malade, se traînait à l'expédition. Son âme n'avait rien perdu de son feu ; mais les forces du corps l'abandonnèrent à Jaslowiecz, où il fut obligé de quitter le commandement. Le prince Jacques le prit avec toutes les marques du pouvoir. Lorsque les rois de Pologne sont à la tête de l'armée, on porte devant eux une lance ornée d'une queue de cheval, signal qui désigne la présence du maître, et se nomme *bontchouk*. Les quatre généraux, polonais et lithuaniens, ont aussi leurs bontchouks, mais qui s'abaissent devant le roi. Ils s'abaissèrent donc en présence du prince Jacques ; et les généraux ; qui n'obéissent qu'au roi seul, reçurent les ordres de son fils. La chose était sans exemple et d'une grande conséquence dans un jeune prince qui aspirait à la royauté. Les généraux, par une singularité plus grande, n'en parurent point blessés ; ils craignirent de désobliger un roi qui subjugait la fierté même par ses vertus.

Le prince Jacques, prenant donc la foudre des mains de son père, s'avança sur Kaminieck, où il arriva le 10 juillet.

Le bombardement dura six jours avec un fracas épouvantable. Les assiégeants tiraient avec cinquante pièces de canon et seize mortiers ; les assiégés répondaient avec trois cents bouches à feu. Le bacha Hussein avait pris toutes les précautions nécessaires pour diminuer l'effet de la bombe ; et il n'en était pas de la place, dans cette circonstance, comme au temps où Mahomet la prit. Elle était remplie alors de toute la noblesse de Popolie. Cette noblesse, qui craignait les dernières extrémités, les femmes surtout et les enfants, faisaient retentir l'air de cris, portait la frayeur et le trouble dans le sein de la garnison, et ne parlait que de se rendre. La place, dans la crise présente ne renfermait que des soldats.

L'armée polonaise s'aperçut bientôt qu'elle brûlait sa poudre inutilement; elle ralentit son feu, lorsqu'elle vit les Tartares passer le Dniester pour venir à elle ; et, peu de jours après, le séraskier se présenta avec vingt-cinq mille Turcs, menaçant de passer aussi. Le prince Jacques désirait passionnément en venir aux mains. C'était la première fois qu'il commandait, et il brûlait de montrer qu'il en était digne. Mais le sérakier, qui avait déjà fait ses preuves, ne voulait recevoir la bataille que de la nécessité, et voyant l'ennemi s'éloigner à une lieue de la place, il se contenta d'observer sans passer le fleuve.

Pendant qu'on se regardait le roi qui était à Jasloviecz, pensait plus aux opérations de l'armée qu'à sa santé. Il n'avait pas voulu quitter ce poste, afin d'être à portée de ce qui se passait et d'agir de la tête lorsque la main lui refusait son concours. La position n'était pas sans danger. Il n'était qu'à dix lieues des Tartares, troupes vagabondes et rapides, et il n'avait pour sa garde qu'un petit camp de deux mille hommes. Ce qui l'inquiétait le plus, c'était sa cour, qui l'avait suivi. L'alarme s'y était répandue, au moment où les Tartares avaient passé le Dniester. La reine, la princesse de Pologne, la marquise de Béthune et les filles d'honneur pouvaient devenir la proie de ces barbares. Toutes n'étaient pas des femmes fortes ; il y en eut qui tombèrent malades de frayeur. Ce ne fut pas la reine. Entraînée par la curiosité, elle eut l'audace de s'avancer jusqu'aux bords du fleuve : des bateliers avaient été pris le même jour dans ce même endroit, Un envoyé tartare, qui vint à la cour le lendemain, dit au roi que ses compagnons ne portaient pas des sonnettes.

Cependant rien ne se décidait entre les deux armées. On se canonnait à travers le fleuve avec peu de perte. La campagne s'acheva sans autre exploit que la ruine de quelque maisons dans Kaminieck et la mort de trois ou quatre cents Tartares, qui donnèrent dans une embuscade.

La ligue avait des succès ailleurs ; mais ils ne vinrent pas des grandes forces qui devaient naturellement les produire.

Le prince Galiczin, premier ministre et généralissime, s'était avancé, par l'Ukraine, vers la mer Noire, avec trois cent mille hommes de pied et cent mille de cavalerie. Celui qui devait les aguerrir, Pierre le Grand, était encore enfant. Galiczin se proposait d'envahir la Crimée, cette presqu'île, d'où étaient sortis tant d'essaims de Tartares pour porter la terreur jusque dans Moscou. En les exterminant, il aurait affaibli la puissance turque. Lorsque son armée, qui dévorait tout le pays qu'elle traversait, eut passé la Samara, petite rivière qui termine l'Ukraine, elle ne vit plus qu'un désert fumant de cinquante lieues. Les Tartares avaient tout brûlé jusqu'à Précop, forteresse qui défend l'isthme de la Crimée. Galiczin, arrêté par la faim et la maladie, vit périr une grande partie de ses soldats, sans avoir vu l'ennemi.

Morosini, plus heureux et plus sage, avec de petites forces, après avoir pris les Dardanelles, Lépante, Castelnuovo, Porto-Leone et l'ancienne Attique, achevait la conquête du Péloponèse, qui valait mieux que Candie. Les bombes vénitiennes détruisirent, dans cette expédition, des monuments que les Turcs avaient épargnés. Le fameux temple d'Athènes, dédié au dieu inconnu, fut du nombre. Cette ville, dont les ruines sont encore si respectables, Épidaure et Corinthe, semblaient se réjouir de retourner à des maîtres qui connaissaient les arts et les talents.

Mais le général qui portait les plus grands coups à l'empire ottoman dans cette campagne, c'était le duc de Lorraine. Après avoir défait le visir Soliman sur les bords de la Drave, pris son camp tout tendu, passé le pont d'Essek avec les fuyards, s'étendait le long de cette rivière vers l'Esclavonie, sans perdre de vue ce qui restait à subjuguer dans la Haute-Hongrie. Agria, que les Turcs appellent l'Inexpugnable, pouvait résister. Le visir voulut la faire ravitailler par douze mille spahis, qui refusèrent d'obéir. Cet esprit de révolte, passant d'une troupe à l'autre, avec une agitation convulsive, fit frémir le visir, qui chercha un asile à Belgrade. L'armée, sans général, s'en choisit un, et, au lieu de s'opposer aux progrès du duc de Lorraine, elle marcha droit à Constantinople pour changer de maître. Mahomet IV, qui avait enlevé Candie et d'autres îles aux Vénitiens; l'Ukraine, la Podolie, la Volhinie aux Polonais; la Hongrie à la maison d'Autriche, touchait au moment d'être dépouillé lui-même de toute sa puissance par ses propres esclaves. Son règne, depuis la fatale expédition de Vienne, où Jean arrêta ses victoires, n'avait plus été qu'un enchaînement de disgrâces.

Lorsque l'armée révoltée fut aux portes de Constantinople, il fit demander ce qu'elle voulait de son empereur. Il s'était déjà exécuté, pendant la marche, sur certains points qui excitaient, depuis long-temps, les murmures publics. Il avait ôté des impôts extraordinaires, auxquels la dissipation des finances l'avait forcé ; il avait vendu ses joyaux, reformé ses écuries et ses équipages de chasse, diminué la dépense de ses jardins. Le sacrifice qui lui avait le plus coûté, c'était de déposer quatre favoris, dont deux l'avaient aidé à ruiner l'empire ; les deux autres n'avaient été que malheureux. L'armée demanda leurs têtes, il les envoya ; celle du *testerdar*, trésorier de l'empire ; celle du *giurumchi-bachi*, receveur des domaines ; celle du visir Ibrahim, disgracié depuis deux ans. Soliman, son successeur, devenait en ce jour un exemple formidable des revers de la fortune. Il s'était signalé dans vingt combats ; estimé et chéri tant qu'il n'avait pas eu dans ses mains la toute-puissance de son maître. Sa tête fut apportée la dernière, et les séditieux, tout en se réjouissant de la voir abattue, semblaient encore la respecter.

Jusqu'à ce moment, l'armée n'avait point franchi les barrières de Constantinople. Les janissaires montrèrent l'exemple en criant dans les rues qu'il fallait déposer l'indolent et l'infortuné Mahomet. L'uléma, c'est-à-dire les gens de loi et de religion, s'assembla dans la mosquée de Sainte-Sophie. Son procès s'instruisit en peu d'heures. On lui arracha les rênes de l'empire pour les remettre à Soliman, qui languissait dans une prison depuis quarante ans. Lorsque le caïmacan, le shérif de la mosqué de Sainte-Sophie et le nakib, garde de l'étendard de Mahomet, lui annoncèrent qu'il fallait descendre du trône et que tel était le vœux de la nation, il répondit: « La volonté de Dieu soit faite, puisque sa colère doit tomber sur ma tête. Allez dire à mon frère que Dieu déclare sa volonté par la bouche du peuple. » On voit, par cette réponse, que ces sultans, si despotiques, reconnaissent, dans la nation, un pouvoir au-dessus du leur ; et les gens de loi, dans cet empire, enseignent que ce pouvoir est inhérent à tous les peuples du monde.

Mahomet avait des fils, mais trop jeunes pour régner. Les Turcs ne prennent des maîtres que dans le sang ottoman, mais ils ne pensent pas que la ligne directe et le droit de primogéniture doivent couronner un enfant, un imbécile ou un méchant : fils, frères, oncles, ils choisissent ; et le choix leur a souvent réussi. Au reste, comme Mahomet avait épargné la vie de ses frères, il finit sa carrière au gré de la nature, et il ne fut point empoisonné, comme le bruit en courut à Constantinople. C'est partout que le peuple suppose les grands aussi méchants qu'ils peuvent l'être ; supposition qui ne fait pas honneur à leurs mœurs.

Pendant que les Turcs se déchiraient entre eux, le duc de Lorraine achevait de réduire la Hongrie. Il y avait une femme forte qui s'y défendait encore. Fille du malheureux Sérini, veuve de Ragotski, femme de Tékéli, elle avait voué une haine éternelle à la maison d'Autriche. Elle combattait, depuis deux ans, dans Mongatz, forteresse où Tékéli avait renfermé ses trésors, ses archives et ses enfants avec une forte garnison. Pour lui, errant dans les provinces éloignées, il ne pouvait secourir sa femme. Assiégée pour la famine, elle subit enfin le sort de la Hongrie, et, conduite à Vienne, elle fut reléguée dans un couvent.

Le comble de sa douleur fut de voir couronner roi de

Hongrie l'archiduc Joseph sans élection. Léopold, victorieux, ne voulut point d'autre traité avec les Hongrois, qu'un échafaud dans la ville d'Épéries. Le sang coula depuis le mois de mars jusqu'en décembre, et la couronne de Hongrie fut déclarée héréditaire par la noblesse même du pays en présence des bourreaux. Il est bien affreux pour les peuples que ce moyen terrible ait réussi.

Une satisfaction manquait à Léopold, c'était d'avoir Tékéli en sa puissance. Les Turcs, qui l'avaient remis en liberté, ne l'abandonnèrent pas; ils lui assignèrent les terres et villes de Wildin, de Caransibes et de Lugos, qu'il changeait contre la couronne de Hongrie.

Jean, en apprenant les horreurs qui se passaient en Hongrie, se repentit de n'avoir pas mis cette couronne sur la tête de son fils, lorsque les Hongrois, touchés de ses vertus, l'en pressaient après la journée de Vienne. Miné à présent par la maladie, il pensait du moins à lui transmettre celle qu'il portait, et il voulait profiter de la diète prochaine pour faire entrer les Polonais dans ses vues.

La diète, qui aurait dû s'assembler à Grodno l'année précédente, se trouvait fixée au même lieu pour celle-ci. Le roi l'aurait mieux aimée à Varsovie, où il espérait en tirer un meilleur parti; mais les Lithuaniens s'attachèrent fortement à la loi; et Grodno fut indiqué pour le 25 janvier. Le roi, avec sa cour, s'y rendit sans délai. Le prince Jacques, qui se flattait d'y jouer un grand rôle, prévint le jour. Il venait de commander l'armée, il s'était assis sur le trône à côté de son père en 1686. C'était autant de pas vers la royauté; mais il en restait un plus délicat et plus marqué; s'il avait essayé le trône, ce n'avait été que dans un sénatus-consulte; sans l'aveu de la nation assemblée; il s'agissait à ce moment d'y monte sous ses yeux. A cet effet, quand la diète fut réunie, le roi, qui le désirait fortement, lui tendit la main. Mais il éprouva tant d'opposition, qu'il dut renoncer au projet qu'il avait alors de l'élever au trône.

Après avoir calmé les esprits autant qu'il fut possible, il les tourna vers la continuation de la guerre, pour laquelle on régla des subsides fort au-dessous du nécessaire; et il mit fin au sénatus-consulte, en protestant que, malgré le fiel dont on l'abreuvait, il n'abandonnerait point la république, et que la faiblesse de sa santé ne l'empêcherait pas de commander l'armée, content s'il expirait en laissant la Pologne triomphante et heureuse. Il devait être ulcéré contre les Sapieha : cependant il honora de sa présence la pompe funèbre du grand-écuyer de Lithuanie, leur frère. Les Polonais sont aussi fastueux dans les funérailles que dans les diètes.

Cependant une scène de joie se préparait pour Jean. Vilna, capitale de la Lithuanie, qui n'avait jamais vu son roi, désirait ardemment lui rendre ses hommages. Les peuples n'entraient point dans les démêlés d'État. Ce qui les frappait, c'était la gloire et la bonté naturelle de leur maître, et ils laissaient aux grands à discuter ses torts. Il fut reçu sur sa route et dans cette grande ville avec ces acclamations , ces fêtes, qu'on ne commande point à des gens libres.

De là il se rendit à Varsovie, où la reine brûlait de le revoir, autant pour le plaisir de gouverner avec lui, que pour l'amour qu'elle lui portait. Elle l'engagea à souffrir des remèdes avant de reprendre les armes ; elle l'occupa du mariage du prince Jacques avec une puissante veuve que toute l'Europe convoitait. C'était cette même héritière de la maison de Radziwil, que le prince Jacques avait déjà voulu épouser en 1680, et que l'électeur de Brandebourg lui avait arrachée, pour la donner à son fils, le prince Louis. Ce jeune époux n'avait guère joui de sa conquête, et la cour de Pologne négociait à Berlin pour s'en emparer avec plus d'espérance que la première fois. Déjà la négociation était avancée, et l'envoyé de Pologne écrivait que la présence du prince Jacques était nécessaire pour assurer le succès. Le prince vole à Berlin, y entre incognito, s'abouche avec le ministre de France, qui avait ordre de son maître de favoriser l'alliance, dans la vue de détacher le roi Jean des intérêts de la maison d'Autriche. Il voit la jeune veuve dans l'ombre du mystère. Il en tire une promesse en bonne forme d'épouser dans huit mois, terme de son deuil, et cela sous la peine bien exprimée de la perte de ses biens. Les présents de noces sont donnés et reçus des deux parts. Après quoi il reprend le chemin de Varsovie, en s'applaudissant de sa fortune. Ce mariage le mettait en possession de quatre duchés dans le sein de la Pologne, lui donnait des forces personnelles, l'acheminait au trône.

La nouvelle, arrivée à Varsovie, remplit la cour d'allégresse, le roi surtout, qui aimait tendrement son fils, et qui avait un si grand besoin d'ouvrir son cœur à la joie. Courte joie que l'amertume suivit à pas précipités ! Tandis que le prince Jacques n'apportait qu'une promesse, un rival heureux épousait réellement à Berlin : c'était le prince Charles de Neubourg, troisième fils de l'électeur palatin et frère de l'impératrice. L'électeur de Brandebourg, à qui Léopold montrait une couronne royale, avait favorisé cette trahison. C'était donc encore Léopold qui croisait toutes les vues de Jean son allié.

Jean ne pouvait détacher ses regards de dessus la Moldavie et la Valachie, deux couronnes qu'il voulait du moins laisser à sa maison, si celle de Pologne en sortait. Ce grand objet lui fermait les yeux sur Kaminieck; et la Pologne continuait ses murmures. Elle marchait pourtant sous ses drapeaux, plus conduite par le respect dû aux talents héroïques, que par la conviction de son propre intérêt. Il mena l'armée, comme en 1686, par la Pokucie et la Bucovine. Arrivé à Pérérita, où il avait laissé des troupes et des ouvriers, il vit les masures de cette ville déserte changées en maisons, les villages voisins repeuplés, et les terres cultivées. Ce fut le seul plaisir qu'il goûta dans cette expédition. Il se hâta de passer le Pruth pour s'assurer de la Valachie, dont il n'avait encore reçu que des soumissions vagues, conseillées par la crainte Il n'y avait encore établi ni postes, ni troupes, comme dans une partie de la Moldavie. Il la regardait pourtant comme une conquête facile.

Mais un événement tout contraire à la longue sécheresse qui avait tant incommodé son armée, en 1686, le jeta dans un embarras plus grand. Des pluies aussi opiniâtres qu'abondantes changèrent en peu de jours les ruisseaux en torrents, les rivières en fleuves, et la terre en un vaste bourbier. Cependant on se traîna jusqu'à la rivière de Chocava, qu'on passa avec des difficultés incroyables; mais, quand on arriva au Séret, il fut impossible d'en tenter le passage,

L'armée, battue par les éléments, reprit le chemin de la Pologne, perdant plus de chevaux et d'équipages que si elle eût vu l'ennemi. La grosse artillerie fut enterrée dans la Bucovine, pour être retirée dans un temps commode.

Louis XIV, de son côté, travaillait plus que jamais à détacher Jean de l'alliance de l'empereur; tandis que Jean croyait avoir une raison pour s'y attacher plus fortement. La prise de Belgrade avait répandu l'alarme dans la Valachie, qui venait de se mettre sous la protection de l'empereur; et Jean se flattait de la recevoir de ses mains, selon le traité secret fait entre eux. Cet événement aurait rempli l'objet de la campagne infructueuse qu'il venait de faire; mais l'empereur ne faisait que montrer la Valachie sans envie de la donner.

En arrêtant sa vue sur le roi Jean, on plaint un prince qui, avec de grandes qualités et peu de forces, se trouve le jouet d'une puissance supérieure. Il était destiné à l'être de plus d'une façon; il l'éprouva dans la diète dont je vais rendre compte.

La Pologne, lassée d'une ligue ruineuse dont Vienne tirait tout le fruit, voulait une paix particulière avec le Turc. Un envoyé tartare était venu offrir la médiation du kan avec des conditions avantageuses. Cette paix séparée déplaisait souverainement à l'empereur; Jean ne la goûtait pas non plus, pour les raisons que nous avons exposées. Mais Léopold craignait que la république ne l'emportât sur le chef.

Un autre point qui devait s'agiter dans la diète l'inquiétait encore: c'était la confiscation des grands biens de la princesse de Neubourg en faveur du prince Jacques. Il voyait avec douleur que son beau-frère, le prince de

Neubourg ; resterait avec l'héritière de la maison de Radziwil sans héritage.

Pour éviter ces deux écueils, il y avait un parti à prendre : rompre la diète au moment qu'elle pourrait nuire ; et c'est celui qu'il prit. Il fit entrer dans ses vues l'électeur de Brandebourg, qui avait intérêt de le ménager pour se faire roi, et qui semait l'or dans Varsovie. Il gagna les Sapieha, dont le crédit était grand dans le sénat et dans l'ordre équestre. Les choses étant ainsi disposées, la diète s'ouvrit.

Les délibérations roulèrent d'abord sur la prétention du prince Jacques. Les jurisconsultes avaient décidé qu les biens de la princesse qui lui avait manqué de foi lui étaient dévolus ; que la peine était juste, puisqu'elle s'y était soumise elle-même par un acte libre. Le parti contraire répliqua par des raisons qui jetèrent au moins du doute. D'autres sénateurs, affectant la neutralité, s'écrièrent que ce n'était pas le temps de penser aux intérêts de la maison royale, la république en ayant de plus graves à traiter. Il s'agissait plus tôt, disaient-ils, de savoir si on accepterait la paix particulière offerte par le Turc, ou si l'on continuerait la guerre avec plus de vigueur. Ceux-ci voulaient la paix ; ceux-là s'échauffaient pour la guerre. Ce dernier sentiment était celui du roi. Mais une autre discussion vint jeter de nouveaux troubles : on lui reprochait le traité de 1686 avec la Moscovie ; il lui avait cédé deux villes, un palatinat et un duché. Cette cession, qui enlevait des biens certains pour des avantages incertains, n'avait été faite que de l'avis du sénat. Il fallait que la diète ratifiât ; le devait-elle contre le bien commun ?

Ce reproche fait au roi lui en attira subitement un

autre. La reine passait toujours pour l'avoir poussé à tout ce que la république pouvait désaprouver. Le palatin de Posnanie, Raphael Lesczinski, grand par lui-même ; plus grand encore dans un fils que regretta la Pologne et qu'adora la Lorraine, ne craignit point de déplaire à la cour pour servir la république. Il savait que la reine intriguait fortement pour remettre sous les yeux de la diète la confiscation des biens de la princesse de Neubourg, question qui portait le trouble avec elle. Il se tut sur le roi ; il s'expliqua sur la reine.

C'est ainsi que les séances s'écoulaient dans un passage rapide d'un objet à un autre, sans s'arrêter sur aucun ; elles finirent même par d'indignes colères.

Si on réfléchit sur l'esprit de discorde qui agita la nation dans cette diète, la condition des hommes paraît bien à plaindre. Livrez-les au gouvernement absolu d'un seul, ils se plaignent sans cesse sous le joug; laissez-les dans les bras de la liberté, ils ne savent pas en user pour se rendre heureux.

La diète n'ayant rien statué ni sur la paix ni sur la guerre, et les négociations avec le Turc se ralentissant, la guerre continua en vertu du traité de ligue, mais faiblement. Ce ne fut pas Jean qui commanda. Jablonowski était le héros le plus capable de le représenter ; mais l'armée était plus nombreuse et mal payée. Ne pouvant rien tenter de grand à force ouverte, il projeta de surprendre Kaminieck. Ses mesures étaient bien prises ; mais les Turcs, attentifs au moindre mouvement, les rompirent.

Les succès de la ligue étaient toujours pour l'heureux Léopold. Les Turcs étaient venus demander la paix à

Vienne, comme à Varsovie ; il avait rejeté leurs propositions. L'Europe abondait alors en généraux ; la France et l'empire surtout. Le prince Louis de Bade porta l'aigle impérial dans la Servie et dans la Bulgarie, où, après avoir défait les Turs dans trois combats, il leur enleva deux places importantes, Nissa et Vidin.

Quant aux Moscovites, agités de troubles intestins, dont la régente et Galiczin furent les auteurs et les victimes, ils ne sortirent pas de leurs pays, et la ligue n'en tira aucun secours : nouveau chagrin pour Jean, qui se voyait en butte aux courses toujours renaissantes des Tartares. Une calamité plus grande lui déchira le cœur. L'un des dix fléaux miraculeux qui désolèrent l'Egypte au temps de Moïse, se renouvela dans la Pologne. Des nuées de sauterelles, apportées par un vent d'Asie, fondirent sur les campagnes, et les couvrirent à la hauteur d'un pied. Elles étaient d'un noir foncé. Paris et d'autres capitales de l'Europe, qui en reçurent dans des boîtes, admiraient leur longueur et leur grosseur, tandis que la Pologne en était dévorée. Les prés, les moissons, les fruits, l'écorce même des arbres, tout fut la proie de ces insectes voraces, qui ne périrent que deux mois après leur arrivée, au premier froid. Leurs cadavres (tristes dédommagement) engraissèrent la terre pour l'année suivante qui fut très-féconde.

Celle-ci s'était écoulée dans la douleur, plus encore pour le roi que pour les sujets. Une diète, où toutes ses vues avaient été trompées, Kaminieck manquée, la disette, des factions qui le surveillaient, la dissension dans tous les ordres ; tout cela remplissait son âme d'amertume. Les soupçons s'y accumulaient : ils le poussèrent à quelques actes arbitraires, que semblaient néanmoins autoriser les manœuvres des factions. Il eût voulu continuer la guerre avec les Turcs; mais l'argent manquait, et l'armée se mutina.

Les Turcs, moins pressés de toute part, et animés par la France, au grand scandale de la chrétienté, s'étaient mis en campagne de bonne heure. Ils avaient à leur tête Mustapha Cuprogli, fils, petit-fils du grand-visir, et parvenu lui-même à cette première dignité : il ne respirait que la guerre, blâmant toute proposition de paix. Il avait commencé par réformer les abus d'une mauvaise administration de sept ans, et par le rétablissement des finances. En ouvrant la campagne, il employa la religion et la sévérité des mœurs. Toutes les mosquées de Constantinople et les pavillons du camp retentirent de prières. Il s'agissait de rendre le courage aux troupes; le visir s'en chargeait en leur traçant la route de la victoire avec le sabre de son père Cuprogli.

Le duc de Lorraine, celui de tous les généraux de l'empire qui avait montré les plus grands talents depuis Montécuculi, avait terminé ses jours. Léopold sentit, dans cette campagne même, combien il était difficile de remplacer le général qu'il pleurait. Le visir Cuprogli, après une victoire complète sur les impériaux, fit lever le blocus de trois places dans la Haute-Hongrie, en prit quatre dans la basse, soumit l'Albanie, la Bulgarie, et reprit toute la Servie, Belgrade même, malgré une garnison de six mille hommes, qui fut passée au fil de l'épée; et pendant que ce torrent menaçait encore Vienne, Tékéli, que la Porte soutenait toujours, battait le général Heuster, et se faisait déclarer prince de Transylvanie, après la mort de Michel Abassi.

L'hiver donna le temps à la ligue chrétienne de reprendre des conseils et des forces. Jean, malgré la France, qui ne cessait de le détourner de la guerre, se rattacha à la ligue par le mariage du prince Jacques avec la sœur du prince de Neubourg. Mais le bonheur n'entra pas dans sa maison avec cette princesse. Elle fut affligée de troubles domestiques provenant soit de la jalousie de Jacques envers son frère Alexandre, soit de la mésintelligence survenue entre la reine et sa belle-fille.

Néanmoins on parvint à réconcilier Jacques avec son père, qu'avait irrité un retrait outrageant, et il consentit à suivre son frère à l'armée. Jean lui pardonna, et lui permit de partager les lauriers qu'on se promettait dans la campagne. C'était un spectacle touchant de voir un héros entre ses deux fils, l'un rentré en grâce et déjà fait aux armes; l'autre toujours chéri et qui venait apprendre à vaincre : tous trois marchant aux ennemis de la patrie. La reine et la princesse de Pologne restèrent sur la frontière où elles dissimulèrent leur aversion mutuelle.

Il fut résolu, dans le conseil de guerre, qu'on entrerait en Valachie, puisque le siége de Kaminieck paraissait toujours impossible avec les forces présentes; qu'on s'emparerait, chemin faisant, de Sorock, forteresse turque sur le Dniester, et qu'on presserait la jonction des Cosaques. Ce qui les retardait, c'est qu'ils étaient sans habits et sans argent. Le roi y pourvut de son propre trésor, laissa un corps de troupes pour contenir la garnison de Kaminieck, passa le Dniester à la fin d'août, et suspendit sa marche à Snyatin, ville marchande sur la rive gauche du Pruth. C'est là qu'il devait recevoir les secours de Léopold; mais Léopold était en possession de ne penser qu'à lui-même, fort occupé d'ailleurs avec le Turc et Louis XIV.

Si, malgré tant de promesses oubliées, le roi de Pologne restait encore fidèle à son allié, il fallait qu'il ne regardât sa conduite que comme un délai politique pour le retenir dans la ligue, et non comme une mauvaise foi décidée. Il pouvait croire que l'empereur n'attendait que l'expulsion des Turcs de toute la Hongrie, pour remplir ses engagements. J'aime mieux croire, avec plusieurs écrivains, que, sans égard à ses propres intérêts, Sobieski voulait, avant tout, le bien commun de la chrétienté.

L'armée marchait avec cette résolution qu'un grand capitaine inspire toujours, et avec plus de joie que le chef n'en pouvait goûter. La division qu'il voyait croître entre ses deux fils l'inquiétait autant que la conduite de l'empereur. Le prince Alexandre, ardent à s'instruire, curieux de tout, se montrait sans cesse aux troupes, visitait les postes, caressait l'officier, entrait dans la tente du soldat, compatissait à ses maux, le questionnait sur ses besoins, lui faisait des largesses. Le prince Jacques traitait ce zèle de popularité ambitieuse, d'artifice pour séduire la multitude, de trahison envers son aîné. On se regardait avec des yeux jaloux, on s'échappait en paroles piquantes; et quelquefois, même sous les yeux du roi, ils oubliaient qu'ils étaient frères. Le roi semblait pressentir que cette rivalité ferait, un jour, sortir la couronne de sa maison. « Je triompherai plus aisément, disait-il, de l'ennemi que je vais chercher. »

La marche continuait et on lui rapportait que le hospodar de Moldavie l'attendait près de Pérérita, avec vingt mille Tartares. C'eût été peu de chose; mais on ajoutait que trente mille Turcs s'avançaient par le Budziac : c'en était plus qu'il ne fallait pour disputer la conquête de la Moldavie et de la Valachie. Les Tartares parurent aussitôt. On les suivit quelques jours, mais la famine était sur leurs pas. On passa le Pruth pour chercher des subsistances en marchant aux Turcs. Ceux-ci ne se pressèrent pas. Leur dessein était de ne se montrer que lorsque la saison avancée rappellerait les Polonais à leurs foyers, sans se mettre en peine de quelques places qu'ils pourraient enlever. Sorock et Nerzécum furent effectivement tout le fruit de la campagne. Les Turcs ne tirèrent point le sabre. Des neiges prématurées et extraordinaires par leur abondance vinrent glacer le soldat, rompre les chemins, embarrasser l'artillerie et les convois, harrasser les hommes et les chevaux. Lorsque l'armée polonaise regagna les frontières, on eût dit qu'elle revenait d'une déroute. C'était pour la quatrième fois que Jean manquait la conquête de la Moldavie et de la Valachie. Il s'en fallut peu que Léopold ne fût aussi et plus malheureux que lui en Hongrie.

Cette campagne fut la dernière de Jean. Ce n'est pas l'extrémité de l'âge qui l'avertissait de se retirer. Il n'avait que soixante-un ans; mais quarante ans de guerre où il avait toujours payé de sa personne, dix dans les grandes charges de la république, dix-huit sur un trône qui exigeait une action continuelle, tant de travaux avaient affaibli ses ressorts; et l'âme s'en ressentait. Il résigna le commandement de l'armée au grand général Jablonowski, pour ne s'occuper que de l'administration intérieure : ouvrage encore qui passait ses forces.

Jean, se roidissant contre ses maux, cherchait à couvrir son état de défaillance. Il assistait au sénat, mais rarement il voyait la fin des conseils. Un plaisir lui restait, c'était la chasse. Il montait à cheval; mais bientôt, obligé de descendre, il se jetait dans une voiture, où il disait tristement qu'on est moins homme ; et il se rappelait avec amertume cette opinion des peuples, que l'âme s'affaiblit avec les organes.

Le corps de la république ne tarda pas à se ressentir de la langueur du chef. Rien ne s'expédiait dans la chancellerie. La confusion s'introduisait dans les affaires. Les monnaies, déjà altérées par le voisinage de l'électeur de Brandebourg, s'altéraient encore davantage, et ruinaient le peu de commerce qui vivifiait la Pologne. On ordonnait des contributions qui ne se réalisaient pas. Le grand trésorier criait que le trésor était épuisé. L'armée n'était pas payée. A peine voyait on dix mille hommes sous les drapeaux, et c'étaient autant de mécontents qui opprimaient le paysan. Jablonowski, avec si peu de forces, ne pouvait rien entreprendre. Un envoyé tartare vint renouveler à Jean, de la part du sultan Achmet, des propositions de paix dont il aurait dû se contenter, la restitution de tout ce que la Pologne regrettait, mais toujours sous condition de se détacher de la ligue. Jean y était invinciblement lié, mais il attendait le retour de sa santé; en sorte qu'on ne se résolvait ni à continuer la guerre, ni à faire la paix. Chacun ne s'occupait que de soi; et quiconque avait du pouvoir, ne l'employait qu'à se soutenir sur les ruines publiques.

La république semblait courir à sa perte. Les conseils ne parvenaient plus à maturité. Les Lithuaniens voulaient une chose, les Polonais une autre; et ces deux partis principaux se subdivisaient encore en différentes branches qui se repoussaient et revenaient les unes contre les autres. Le sénat ne regardait plus l'ordre équestre que comme une troupe de factieux. L'ordre équestre n'écoutait le sénat que comme une assemblée de déclamateurs. Le roi n'était plus respecté.

Si, au milieu de ces convulsions civiles, les Turcs se fussent présentés, la Pologne rentrait sous le joug, dont Jean l'avait délivrée. Néanmoins, on admira Jablonowski, qui courut de l'agitation de la capitale aux frontières, pour réprimer les Tartares ; et s'il ne put les empêcher de mettre le feu aux faubourgs de Léopold, il sauva du moins la ville. Jean était au désespoir de ne pouvoir plus porter la terreur chez l'ennemi, au lieu de la recevoir. Il aurait trouvé dans le sultan Mustapha II un ennemi digne de lui. Achmet était mort le 27 janvier, aussi peu regretté que son frère Soliman. Mustapha leur neveu, fils de Mahomet IV, était propre à dédommager l'empire de l'incapacité de ses deux oncles. Né avec un jugement solide, du goût pour l'application, modéré dans les plaisirs, ni avare, ni prodigue, bon homme de cheval, adroit à manier les armes, aimant la gloire et plein d'audace, il avait déclaré, en montant sur le trône, qu'il ne voulait pas porter en vain le nom d'empereur, et qu'il commanderait toujours ses armées en personne. Il était entré de bonne heure en campagne; et, pour savoir ce que l'armée pensait de lui et de ses généraux, il se déguisait souvent en soldat : moyen bien simple pour connaître la vérité : mais la plupart des souverains aiment mieux entendre des adulations à visage découvert. Mustapha entendit quelques plaintes contre son gouvernement, et il tâcha de se corriger; mais il apprit que son visir avait refusé l'argent nécessaire pour mettre l'artillerie en bon état, tandis que dans les comptes rien ne paraissait épargné. Il le fit étrangler, et son corps, exposé trois jours à la vue du camp, fit trembler tous ceux qui n'avaient pas autant de titres que le visir pour être brigand. Les Turcs sont féroces, mais justes. Après cette leçon, qui en valait mille, il avait passé le Danube, pris et rasé deux places, Lippa et Titul ; marché au général Vétérani, qui lui fit sentir que la résolution du chef ne suffit pas pour vaincre, lorsque le soldat est tombé dans le découragement. Les janissaires, enfoncés, tournaient le dos, et, à leur tête, plusieurs bachas. Le premier qui s'offrit aux regards du sultan se nommait Schahyn ou Faucon : « Va, lui dit-il, tu n'es qu'une grue qui traîne après toi d'autres grues. Regarde-moi faire. » Il avait le cimeterre à la main; les fuyards retournent avec lui; Vétérani est blessé, les impériaux sont battus, et se retirent. Sous un grand prince tout marche de front. Mustapha, à peine couronné, avait pensé à tout. La marine turque était tombée dans un délabrement total. Les Vénitiens, poursuivant leurs succès, avaient pris l'île de Chio, d'où ils dominaient la mer. Leur flotte crut voir un prestige en apercevant celle des Turcs, dont elle n'osa soutenir le choc. L'île rentra sous la domination ottomane, et le sultan, vainqueur par mer et par terre, alla triompher dans sa capitale.

Les nouvelles des succès de Mustapha arrivaient à Varsovie où l'on en prévoyait de plus funestes. Le sultan, en effet, se promettait bien de châtier la Pologne de manière à ne la plus craindre, surtout n'étant plus defendue par son héros, qui s'affaiblissait.

La république ne pouvait pas subsister long-temps dans l'état violent où elle se trouvait. Le roi, qui en était plus accablé que de son mal, ne cessait d'exhorter les grands à la paix. Il les faisait souvenir de tout ce qu'il avait fait pour le salut de la Pologne, de ses travaux, de ses victoires, des biens dont il les avait comblés, du serment qu'ils lui avaient prêté pour la prospérité publique, et de l'amour de la patrie, le plus sacré de tous les liens.

Le sénat, débarrassé, par la rupture de la diète, des clameurs de l'ordre équestre, se flatta de délibérer plus tranquillement : mais les sénateurs lithuaniens voulaient exclure du sénat tous les évêques. Cette prétention, qui attaquait ouvertement les constitutions de la république, était trop injuste pour être soutenue ; ils se désistèrent, et les évêques prirent séance, à l'ordinaire.

Le premier point dont on convint fut d'imiter le sénat romain dans les grands dangers. On fit savoir à tous les palatinats de prendre garde à ce que la république ne souffrît aucun dommage, *ne quid detrimenti respublica capiat*. Après cet avertissement, plus propre à certifier la grandeur du mal qu'à donner le remède, on ouvrit différents avis.

Les uns opinèrent à convoquer la pospolite pour s'opposer aux ennemis du dehors, tandis que le sénat travaillerait à pacifier le dedans.

La république, effrayée de la situation, resta comme suspendue sans prendre aucun parti. Elle jetait les yeux sur son roi ; mais ce n'était plus ce chef plein de force et de conseil, qui l'avait sauvée tant de fois. Si elle ne périt pas dans cette tempête, elle en eut obligation à ses lois. Un État qui en a peut bien éprouver des secousses ; mais c'est la terre qui tremble entre les chaînes de rochers qui l'empêchent de se dissoudre.

Le sénat voulut du moins laisser un acte d'autorité qui pût plaire à la multitude. Le juif Bethsal se rendait toujours plus odieux. Cent fois on avait voulu l'assassiner; mais sa prudence avait prévenu les effets de la haine publique. Il entretenait pour sa garde trente nobles Polonais qui conservaient une vie dont ils avaient besoin pour subsister.

C'était une espèce de premier ministre, plutôt qu'un fermier. Les juifs se croyaient revenus au règne d'Assuérus sous la protection de Mardochée ; mais les Polonais le regardaient comme leur fléau. Ceux qui achetaient de lui les grâces de la cour furent les premiers à se plaindre et à l'accuser. Il fut condamné à mort sans égards pour le roi. Tout ce que le roi put faire fut de lui sauver la vie, qu'il traîna dans la misère, pour mourir insolvable. Il s'en fallut peu que le médecin Jonas ne fût aussi sacrifié ; mais il parut trop dur d'ôter au prince un médecin qui avait sa confiance.

Le ciel semblait prendre plaisir à l'éprouver. Ce n'était point assez des chagrins du dedans, il lui en arrivait du dehors.

Le temps approchait où Jean allait cesser de régner, de vivre et de souffrir. Déjà depuis quatre ans il avait quitté le commandement des armées, et récemment la frontière, où sa présence contenait l'ennemi. Varsovie, à cause du délabrement de sa santé, était devenue sa résidence.

Le ressentiment de ces anciennes blessures, la goutte, la gravelle de l'eau. répandue entre cuir et chair, une difficulté de respirer; on ne savait lequel de ces maux le consumerait. Perdant chaque jour quelque portion de ce feu principe qui nous anime, on le voyait étendu sur un lit de repos, enveloppé de fourrures, qui ne rappelaient ni le mouvement ni l'âme.

Les Turcs et les Tartares savaient bien quelque chose de son état; mais ils le regardaient comme un lion que les autres animaux respectent, même quand il dort. Ils n'entreprirent rien de considérable, lorsqu'ils pouvaient tout oser. On en fut quitte pour des incursions des Tartares, que le bras de Jablonowski arrêtait toujours.

Un fait plus singulier, c'est que la maladie du roi contribua aussi à sauver la nation de ses propres fureurs. Se voyant à la veille de le perdre, elle s'occupa bien plus de celui qu'elle aurait pour chef que des divisions qui l'agitaient depuis environ trois ans.

On se disputait les dépouilles d'un roi encore vivant, en attendant que l'argent de l'intrigue ou la force décidassent.

Il éprouvait la triste vérité qu'il avait annoncée à sa femme, avant de monter sur le trône, qu'il se verrait en butte à la méchanceté des hommes, de ceux mêmes qui auraient le plus à se louer de lui. Les ingrats se multipliaient sous ses bienfaits.

Il avait accumulé le pouvoir, les richesses et les dignités sur les Sapieha; et les Sapieha s'étaient déclarés contre ses projets en plusieurs rencontres, furent même soupçonnés d'avoir conspiré pour lui ravir le sceptre.

Il avait fait grand-chancelier de la couronne Wielopolski; et Wieloposlski, son beau-frère, était entré dans des liaisons suspectes avec les Sapieha.

Il avait élevé Radziowski au faîte de la grandeur ; et Radziowski, son cousin germain, prenait en ce moment des mesures pour proclamer le prince de Conti, en oubliant le sang de son roi.

La ligue chrétienne continuait, et il n'en était plus le héros. Après s'être acharné inutilement à la conquête de la Moldavie et de la Valachie, il laissait Kaminieck entre les mains des infidèles. On était à la veille de cueillir les derniers fruits de la ligue.

Le prince Eugène, qui prenait la place du prince Louis de Bade, du duc de Lorraine, et pour dire encore plus, du roi Jean, se disposait à terminer glorieusement cette longue guerre.

Le temps n'était pas éloigné, où le Turc, succombant enfin dans une bataille décisive, à Zenta, sur la Teysse, et réduit à demander la paix, allait céder la Morée aux Vénitiens, la Transylvanie à l'empereur, Azow aux Moscovites, Kaminieck aux Polonais. Mais un voile épais couvrait encore tous ces avantages, et Jean, dans des moments de calme, que des douleurs aiguës pouvaient lui laisser, ne voyait qu'un triste avenir. Son royaume agité au-dedans, attaqué au-dehors; une couronne qu'il avait méritée et portée avec tant de gloire, prête à devenir la proie des factions ; incertain lui-même si elle resterait dans sa famille; et cette famille, en se divisant d'intérêts, achevait de briser son âme. Il abandonna tout à la Providence; et s'il cherchait encore quelque consolation, c'est, après la religion, dans les lettres et la philosophie qu'il la trouvait.

Pendant tout l'hiver de 1696, l'Europe et l'Asie retentissaient tous les huit jours du bruit de sa mort. Le soleil du printemps sembla rallumer en lui quelques étincelles de vie. Il allait, dans ses beaux jardins de Villanow, respirer un air pur, dont il ne devait plus guère jouir.

Le 17 juin, jour de la Trinité, après une de ses promenades, il dîna avec une lueur de santé; cependant la mort travaillait dans son sein. Peu d'heures après, au milieu de la famille royale, une attaque d'apoplexie le renversa sur le parquet. Au bout d'une heure, il reprit ses sens; et, regrettant, pour ainsi dire, ce sommeil de mort, où il ne sentait plus les peines de la vie, il dit, dans une langue qui lui était familière : *Stava bene*, j'étais bien. La frayeur glaçait tous les visages, excepté le sien. Une fermeté guerrière, philosophique et chrétienne le soutint dans son agonie.

Il employa ses derniers moments à faire sentir à ses enfants la nécessité de l'union la plus étroite. Il conjura la reine de n'avoir d'autres intérêts que les leurs, si elle voulait conserver la couronne dans sa famille.

Il exhorta aussi les sénateurs qui l'environnaient à la concorde pour le salut de la république, qui l'intéresserait encore à la source des empires, où il allait; et il mourut, comme Auguste, à pareil jour de son élévation au trône, dans la soixante-sixième année de son âge, et la vingt-troisième de son règne.

Si on entreprenait son panégyrique, on n'aurait qu'à copier le discours que le staroste d'Odolanowski, âgé alors de dix-neuf ans, et devenu depuis roi de Pologne, prononça, à la tête des nonces, sur son tombeau ; et, en le copiant, on honorerait à la fois l'éloquence prématurée du jeune orateur et la mémoire du prince qu'il louait. Il n'en montrait que les côtés brillants. Un historien doit aussi en découvrir les taches.

Ce qui arriva, ses cendres étant encore chaudes, apprend aux rois que la postérité les juge sans miséricorde. On oublia qu'on venait de perdre un héros, pour se souvenir qu'il avait manqué de foi à la république. Il s'était engagé, par ses *pacta conventa*, à élever deux forteresses où la nécessité l'exigerait; on n'en voyait qu'une; à fonder une académie pour l'instruction de trois cents gentilshommes, il y avait manqué; à satisfaire l'électeur de Brandebourg dans les prétentions qu'il avait sur la ville d'Elbing, il ne l'avait pas fait; et on craignait que cette omission ne causât un jour quelque guerre funeste à la Pologne.

Il avait promis sur toute chose de reprendre Kamieniec, il n'y avait pas réussi. Comment faire pour se conduire dans le labyrinthe des événements? Il avait battu tant de fois les Turcs, sans pouvoir leur enlever cette forteresse si précieuse à la Pologne, et son successeur la recouvre, à la paix de Carlowitz, en 1699, sans coup férir.

On reprochait encore à sa mémoire ses acquisitions en Pologne, contre les lois qui défendent expressément aux rois d'acquérir ; sa faiblesse pour la reine, dont il avait fait une femme d'Etat, contre l'Etat ; ses tentatives pour assurer le trône au prince Jacques, avant les suffrages de la nation ; les brigandages du juif Bethsal ; l'altération de la monnaie ; ses guerres inutiles depuis le commencement de la ligue chrétienne, qui avaient coûté à la Pologne deux cent mille hommes au moins, et plus de millions qu'il n'en fallait pour la mettre dans l'abondance.

Au lieu de le pleurer, on s'occupait à disputer ses trésors. La reine les revendiquait. Le prince Jacques pensait à s'en emparer à force ouverte. Le grand-maréchal et une partie du sénat prétendaient qu'ils appartenaient à la république.

Ces trésors, dont on faisait tant de bruit, amassés à la tête du royaume et des armées, n'auraient pas fait la fortune d'un munitionnaire général dans le pays où ils passèrent. Ils consistaient en cinq à six millions, que M. de Polignac, de concert avec la reine, eut l'adresse de faire transporter en France, afin que le prince Jacques ne s'en servît pas pour monter sur le trône, au préjudice du prince de Conti, que Louis XIV voulait y placer; mais l'opinion les grossissait.

Jean aimait l'argent, il ne s'en défendait pas ; mais ceux qui lui en faisaient un crime, devaient dire aussi qu'il savait l'employer à faire triompher la Pologne. Tout le temps qu'il commanda en Ukraine, n'étant encore que grand-général, son argent le servit mieux que ses troupes contre les prodigieuses armées de Tartares et de Cosaques qui se jetaient sur les terres de la république. On disait publiquement les « étrennes des Tartares. »

Nous avons vu qu'à la grande expédition de Vienne, il ouvrit ses trésors, et on savait qu'il s'en faisait des créatures dans toutes les cours. A l'armée, les espions se louaient de sa libéralité, et personne n'était mieux servi.

Sa maxime était de ne répandre qu'utilement. Voilà pourquoi beaucoup de seigneurs inutiles se plaignaient. Il est vrai que, sur la fin de sa vie, cette économie devint encore plus serrée ; c'est que pressentant la mauvaise disposition des Polonais pour ses enfants, il voulait leur laisser assez de bien pour les consoler de la perte de la couronne ; faute bien pardonnable quand on pense qu'il était père.

Ce qui arriva à sa maison apprend aux enfants des rois que, sans l'union, ils peuvent perdre tous les avantages de leur naissance.

Le prince Jacques, avant que d'avoir perdu toute espérance de régner, se vit poursuivi le sabre à la main dans une diétine, et au lieu d'un trône il eut une prison à Leipsick, d'où il ne sortit que pour vivre en Silésie, sous le bon plaisir de la maison d'Autriche.

Le prince Alexandre alla vivre à Rome, où le pape ne voulut pas le voir à cause des honneurs qu'il demandait ; il ne les reçut qu'en habit de capucin, après en avoir fait les vœux dans son agonie, pour assurer son salut.

La reine leur mère passa aussi bien des années au milieu des princes de l'Eglise, situation dont elle s'ennuya enfin. Elle vint mourir dans sa patrie au château de Blois, que Louis XIV lui donna pour dernier asile.

Les ennemis, ou les envieux du roi Jean, lui donnèrent, avant sa mort même, le nom de Vespasien. S'il en eut un défaut, l'amour de l'argent, il en eut aussi les vertus. Comme lui il fut porté sur le trône par ses services militaires. Les grâces de l'esprit, les langues qu'il parlait, les lettres dont il se nourrissait, l'enjoument de sa conversation, la douceur de ses mœurs, la fidelité dans l'amitié, la tendresse conjugale, l'amour paternel : toutes ces qualités, qui en auraient fait un aimable particulier, n'auraient pas suffi à sa haute destinée. Doué de la force du corps et du feu du génie, savant dans les lois, dans les intérêts des peuples et dans la guerre, aussi éloquent dans les diètes qu'entreprenant dans les armes, il avait montré à sa nation, avant que de régner sur elle, qu'il saurait la gouverner et la défendre. Il eut éminemment la plupart des vertus du trône. Il rendit justice à ses ennemis comme à ses amis; et il traita ceux-ci comme au temps où il avait besoin d'eux pour y monter. Vif, il s'emportait aisément : mais son cœur était sans fiel. S'il fut cruel envers les Turcs vaincus, c'était l'esprit de croisade, qui, dans ces occasions seulement, altérait la bonté de son naturel, que la philosophie n'avait pas assez perfectionné.

Il fut offensé plus d'une fois dans un Etat où la liberté est toujours en garde contre la main qui gouverne, et cette main ne voulait frapper que ceux qui offensaient la patrie.

Citoyen sous la couronne, il assembla la nation plus souvent qu'aucun de ses prédécesseurs. Son règne s'écoulait dans le sein du sénat, au milieu des diètes et dans les exploits de guerre. Il ne crut jamais que le palais d'un roi ne dût être que le temple de la magnificence et des plaisirs.

Il connut les affaires et les hommes. Dans ses projets de campagne, écoutant tout le monde, il fut lui seul son conseil; et, sachant combien la présence d'un roi est nécessaire pour la discipline, la célérité et la victoire, il ne cessa de marcher que dans le temps que la maladie l'arrêta.

Sa patrie l'admira ; elle l'eût aimé, peut-être, si un peuple libre ne craignait pas sans cesse pour sa liberté ; peut-être encore s'il eût moins aimé la reine. Il eut une gloire singulière, celle d'humilier la puissance ottomane, qui, depuis si long-temps humiliait les couronnes chrétiennes. Toute l'Europe rechercha son alliance, et la Pologne eut sous lui une importance qu'elle n'a pas conservée.

L'Alexandre du Nord, Charles XII, en pleurant sur ses cendres, s'écria : « Un si grand roi ne devait pas mourir. »

LIMOGES. — IMPRIMERIE BARBOU FRÈRES.

www.ingramcontent.com/pod-product-compliance
Ingram Content Group UK Ltd.
Pitfield, Milton Keynes, MK11 3LW, UK
UKHW022058190726
13855UKWH00002B/536